湛庐CHEERS

与最聪明的人共同进化

HERE COMES EVERYBODY

CHEERS
湛庐

意义驱动的品牌增长策略

Brand Hacks

[美] 伊曼纽尔·普罗布斯特 著
Emmanuel Probst

褚荣伟 闵彦冰 译

浙江科学技术出版社·杭州

测一测

品牌如何让消费者生活得更有意义？

扫码加入书架
领取阅读激励

扫码获取全部测试题及答案，
一起了解用意义驱动品牌
增长的秘诀

- 为品牌赋予意义，一定需要企业有足够的资金实力才能做到吗？

  A. 是

  B. 否

- 宜家家居对旗下花瓶产品的生产做了微调，使每件产品的纹路、凸起处看起来都略有不同，这是为了：（单选题）

  A. 让花瓶更值钱

  B. 掩盖花瓶的廉价感

  C. 为花瓶增添真实感和独特性

  D. 让顾客认为花瓶是手工制作的

- 与演员、歌手等“传统”名人相比，网红如今更受消费者的追捧，这不是因为：（单选题）

  A. 人们容易接触到他们发布的内容

  B. 人们觉得与网红的社交距离更近

  C. 网红售卖的各类产品更加物美价廉

  D. 能让自己拥有特定社交群体的成员身份

扫描左侧二维码查看本书更多测试题

创造意义是一个伟大品牌的起点

空　手
不空谈品牌咨询创始人
《传神文案》作者

意义，对于品牌建设来说是一个有魔力的词。

2010 年 9 月，我在新加坡参加 Spikes Asia 亚洲顶尖创意节，当时众多国际知名的广告公司在现场分享、发布了他们最新的品牌作业理念，其中有一个词被频繁提到，那就是意义。

例如，李奥贝纳广告公司（Leo Burnett）提出的理念叫作“以人为本”（humankind），如何做到以人为本呢？李奥贝纳广告公司给出的答案是 4P：从人（people）出发，为人们的生活创造意义（purpose）、激发人们对品牌的参与（participation），拥抱平民主义（populism）。可以看出，其中最重要的是意义。

那一年是我进入广告业的第 4 个年头，我正处在深入思考品牌到底对企业有什么用，为什么消费者会认同并喜欢某个品牌，品牌的本质究竟是什么等根本性问题的职业阶段。在我困惑、迷茫、沉思之际，意义这个词就像一盏灯，给那时的我指明了方向，点亮了我的大脑。

在谈论品牌时，我们经常提到产品功能、用户利益、品牌价值等概念，但其实真正重要的是意义。如果我们想让消费者购买、爱上某个品牌，那么我们必须回答以下问题：该品牌在人们生活中代表着什么？究竟在扮演什么角色？人们如何看待它的存在？当你在问这些问题时，其实就是在问品牌存在的“意义”是什么。

苹果在推出首台个人电脑 Macintosh 并发布经典广告《1984》时，它回答了个人电脑对人类的意义是什么。

油漆品牌多乐士在推出全新品牌主张“Let’s color”（多彩开始）时，它回答的问题是色彩在人们生活中的意义是什么。

路易威登在全球传播其品牌核心价值（core value）——旅行精神时，它回答的问题是旅行对人们的意义是什么。当时路易威登发布了它的第一支电视广告，并告诉我们“真正的旅行让我们直面自我，不仅让我们看到世界，更让我们看到自己在其中的位置”，这就是旅行的意义，这就是路易威登行李箱对人们的意义。

创造意义是一个伟大品牌的起点。意义不仅比价值更重要，而且意义还大于情绪。这两年营销界特别流行一个词——情绪价值，但是人们常说的情绪价值其实并不是心理学上的情绪，而是一种社会文化层面的社会情绪。

因为心理学上的情绪是指我们受到外界刺激时所产生的反应，比如吃到好吃的食物会快乐，看到肮脏的东西会产生厌恶之情，看到美女帅哥会高兴，遇到蛇会本能地恐惧，它的持续时间非常短暂，而且极不稳定。而社会情绪如追求松弛自在、“血脉觉醒”爱上新中式、拥有独立自主的两性意识，这些实际上就是意义。

意义由产品、消费者、社会文化共同构筑。当一件商品被消费，它就会在人们使用的过程中、在社会文化氛围中被赋予特定的意义。因为“人是悬挂在自己编织的意义之网上的动物”（马克斯·韦伯所说），所以人们所消费的“其实不仅仅是商品的使用价值，而更多是在消费商品的象征意义”（让·鲍德里亚所说）。

解读一下这两句话，也就是说：人们认同、喜爱、购买一个品牌，其实看中的是这个品牌所代表的某种意义。本书书名《意义驱动的品牌增长策略》一语道破了天机，品牌增长策略必须由意义驱动。品牌创造了意义，它就获得了增长。

因此，当我们在打造一个品牌时，必须去思考该品牌在社会、文化和消费者的人生历程中到底意义何在。意义是文化的产物，因此它比情绪更加稳定、持久，对人们产生的影响更深远。对于品牌建设而言，企业在做阶段性传播推广和碎片化内容时，可以去迎合情绪。但是从整个品牌的策略和顶层架构上来说，企业还是要追求情绪背后恒定不变的东西，也就是追求意义。

人生在世，是在不断追寻生命的意义。创造并培育一个品牌，也是不断叩问其在消费者生活中的意义究竟为何。

品牌增长的新驱动，让每个人感到“与我有关”

在当今快速变迁的全球消费市场中，品牌的角色和影响力正在被重新定义。中国作为全球最大的消费市场之一，其品牌建设与营销环境也在不断发展和变化。品牌部门在时代和企业发展的洪流中探索前行。如何在这样的市场中保持品牌的相关性，并与消费者建立深厚的情感联系，已成为品牌管理者们面临的重要课题。

意义驱动，品牌理念的新核心

在“意义驱动的品牌”理念被提出之前，商业组织主要是通过“产品导向”、“销售导向”、“市场导向”和“消费者导向”的方式来思考品牌和营销战略。早期的品牌理念主要围绕利润率、市场占有率和产品差异化等指标来制定，经历了以下 4 个时期：

1. **产品导向时期：**在商业史的早期阶段，品牌的重点主要集中在产品的质量和功能上。企业相信，只要产品质量足够好，就能吸引消费者。例如，汽车制造商福特早期的 T 型车就是产品导向的典型代表，其品牌建立在产品的可靠性和普及性上。此时，品牌往往专注于通过大规模生产降低成本，并以价格为主要竞争优势。这时期的品牌宣传较少关注消费者情感或社会价值，更多的是凸显产品的实用性。

2. **销售导向时期：**随着市场的逐渐饱和，品牌转向依赖强有力的销售和广告策略。在这一时期，品牌更多地依赖销售渠道和营销技巧，目的是让产品快速销售出去，甚至会采用一些强推或促销策略来吸引消费者。此时的品牌建设开始依赖广告媒介，通过广告来塑造品牌的知名度和形象。虽然做法类似上一时期，但广告更多的是强调产品本身的功能和物质属性。

3. **市场导向时期：**在 20 世纪中期，随着市场竞争的加剧，品牌开始从产品导向转为市场导向，即企业需要研究消费者的需求并加以满足。品牌的核心在于通过满足市场需求，提供独特的价值主张，从而在竞争中脱颖而出。这一时期，品牌管理开始强调定位概念，例如艾・里斯（Al Ries）和杰克・特劳特（Jack Trout）在 20 世纪 70 年代提出的品牌定位理论，认为品牌需要在消费者心中占据一个特定的位置。品牌是否具有独特性在于它能否在消费者心中创建一个明确的“独特销售主张”（Unique Selling Proposition，USP）。

4. **消费者导向时期：**到了 20 世纪末，品牌管理开始更加关注消费者的情感需求，品牌不仅仅是产品的代名词，还反映了消费者的个性和价值观。品牌建设逐渐从产品的功能和物质属性转向产品如何与消费者在情感层面产生共鸣。例如，可口可乐通过情感营销打造“快乐”的品牌形象。这一时期，品牌不仅关注产品本身，还关注整个客户体验。服务质量、用户满意度、客户关系管理（CRM）等成为品牌战略的重要组成部分。品牌的目标是通过提供优越的客户体验来建立长期的客户忠诚度。

但现在这些方法似乎不够用了，品牌管理者面临的一个重要挑战是，品牌的“元概念”（meta brand）已经超越了个别品牌的影响，成为消费者思维模式中的核心组成部分。品牌不仅能帮助消费者做出购买决策，还影响着他们如何定义自我与他人的关系。在品牌管理中，如何让消费者主动的重要性日益凸显。品牌不再是单向的推销工具，消费者通过社交媒体、用户生成内容（UGC）等方式，主动参与到品牌的塑造和传播中。品牌管理者面临的另一个重要挑战是，如何在品牌的连续性和变革之间找到平衡。随着社会文化的快速变化，品牌不仅要保持其核心价值观，还必须应对外界对品牌意义的质疑和挑战。消费者和其他市场参与者的声音变得更加多元，品牌必须学会在不同的声音中找到共鸣点，并通过品牌的动态管理策略来适应变化。

意义驱动的实践与未来

那面向未来，品牌将走向何处，“意义驱动”是否能够带领我们走向彼岸？当我们说“意义驱动”时，到底是在说些什么呢？是与企业社会责任（CSR）还是企业伦理有关，还是与环保或员工的权益和收入有关，抑或是指企业在环境、社会和治理（ESG）方面的“漂绿”[①]行为？《意义驱动的品牌增长策略》这本书指明：“有意义的事物令人充实，会对我们的生活产生积极影响。所有品牌都必须理解意义。因为首先意义能驱动人们的行为，让人产生购买的动力。其次，意义本身是持久不变的。”本质上，我们购买大多数品牌是因为它们承载了一种使命，帮助我们实现对个人、社会和文化意义的追求。具体来说，意义包括：个人意义（从产品到身份的延展）、社会意义（连接与归属感）和文化意义（品牌与文化共舞）。但哲学家对于“意义”这个本质问题有着不同的答案：亚里士多德认为，人生的最终目标是实现“幸福”（Eudaimonia）。他主张，通过实践美德和参与对社会有益的活动，人们能够实现真正的幸福。因此，他将人生的意义与个人的道德发展和社会贡献紧密联系在一起。路德维希·维特根斯坦（Ludwig Wittgenstein）在其后期哲学理论中提出，生活的意义可能就在于生活本身。这种观点强调了生活的内在价值，而不必依赖于外在的目标或成就。他提出，某些关于生活意义的问题可能超出了语言的表达能力，因此我们可能需要在生活的实践中寻找答案，而不是在抽象的思考中。萨特作为存在主义哲学家，认为人是“被抛入”这个世界的，人生没有预设的意义。他强调个人的自由和选择，认为人生的意义是通过个人的选择和行动来创造的。显然，对于意义驱动的品牌到底是什么，应该是什么？其实依然没有明确统一的答案。

这一点也体现在当前针对品牌定义的阐释之中。畅销书作家赛思·戈丁（Seth Godin）对于品牌的定义通俗易懂：“品牌是由期望、记忆、故事和关系构成的集合，它们共同决定了客户选择某个产品或服

① 在 ESG 及可持续发展理念兴起之前，“漂绿”现象主要存在于市场营销领域，突出表现为虚假广告宣传。而“漂绿”现象在 ESG 领域中则表示企业夸大环保议题方面的付出与成效的行为。——编者注

务的原因。”或者，你可能觉得杰夫·贝索斯的定义更有趣：“你的品牌就是当你不在房间时别人对你的评价。”马克·里特森（Mark Ritson）教授的观点也很有力：“没有意义的品牌是不存在的。它们只是商品。”

那么我们要如何实现意义驱动的品牌呢？与传统的短期利润导向不同，意义驱动的品牌更加关注长期的可持续增长，通过创造积极的社会影响来实现长期的品牌资产积累。因此，为了实现意义驱动，品牌可能需要做得更多：

第一，请找到并追寻品牌的价值观。品牌从以产品为中心和以消费者为中心转向了以价值观和人文精神为核心的“价值驱动营销”时代。消费者已经不满足于品牌的功能性展示，他们期望通过品牌来体现个人的价值认同和生活态度。例如，越来越多的年轻消费者选择购买符合可持续发展理念的产品，不仅是为了消费行为本身，更是为了支持这些品牌的社会责任感。

第二，请学习技术与数据驱动的方法。品牌必须利用大数据、人工智能和机器学习等先进技术，实时跟踪消费者的行为变化，分析其购买偏好，并基于这些数据为消费者提供定制化的产品和服务。品牌同样需要在多渠道触点上提供无缝的消费者体验。从线上购物平台到线下体验店，品牌需要确保每一个接触点传递一致的品牌信息，以优化用户体验。通过技术赋能，品牌不仅能够提高营销效果，还能以更低的成本实现高效的品牌传播和消费者互动。

第三，请构建品牌与消费者共创的时空。品牌的角色从传统的单向传播者变成了共创者和社区建设者。品牌需要倾听消费者的声音，并通过社交媒体和其他互动平台与他们共同构建品牌故事。消费者的赋权不仅体现在他们对品牌形象的影响力上，还体现在他们对品牌文化的塑造上。在这一过程中，品牌不再是被动的形象建构者，而是与消费者共同参与、共创品牌价值的活跃参与者。这种转变不仅增强了品牌的影响力，还帮助品牌在复杂的市场环境中获得更多增长机会。

第四，请融合全球化和本土化的故事和责任。品牌的意义必然根植于社会文化系统，因此品牌不仅要关注全球趋势，还要注重与本土文化的融合。品牌需要通过讲故事、情感营销和价值观共鸣，与消费者建立深刻的情感连接。这不仅要求品牌能够在多个市场中保持文化一致性，还需要在本地市场中通过深入的文化理解和创新设计，赢得消费者的情感认同。

第五，请改变品牌部门的结构。品牌部门不再是单纯的产品推广部门，而是价值创造者、数据分析师、技术整合者以及社区建设者。随着数字化转型和消费者需求的变化，品牌部门需要更加灵活和轻量化的运作模式。通过数据驱动的决策和创新的技术应用，品牌部门能够在更短的时间内响应市场变化，提高运营效率，提升品牌的整体竞争力。

总而言之，品牌营销并不意味着高大上的广告或预算。它关乎的是与消费者分享你的本质、意义，以及为什么你的客户要关心你的品牌。人们喜欢听故事，不论他们是否相信，他们想听听你的故事。

我们坚信，品牌若在构建意义上拖延过久，可能会带来致命的后果。因此，从一开始品牌就应着手构建自身的意义。这不仅有助于品牌的长远发展，还能确保其在市场中的独特地位。

目 录

BRAND
HACKS

HOW TO BUILD BRANDS
BY FULFILLING THE
CONSUMER QUEST FOR MEANING

引　言

真正让人们痴迷的是意义，而非潮流

根据2020年的一项调查，美国人平均每天会花超过13小时浏览媒体上的各种信息，查看手机96次，也就是说大概每10分钟看一次。而在社交媒体上，人们平均每天会花2小时24分钟，平均每秒上传995张图片到Instagram。人们无休止地渴望看到新的帖子、新的图片、新的Vlog，不想错过下一节动感单车课、下一次聚会和约会。在这个过程中，各个品牌都在试图通过广告说服人们购买它们的产品。曾有数据统计，预计到2024年，广告行业的收入将超过7 690亿美元。如此过载的信息令人们对大部分广告感到麻木，过多的选项让人们不知所措，无法做出决策。

什么东西在上一刻还让我们激动万分，却在下一秒又显得十分虚假？人们一觉醒来，对那些品牌还能记得些什么？我们究竟要在生活中寻找什么？简言之，对人们真正有意义的是什么？每天被各种电子显示屏、应用程序和社交媒体平台所围绕，人们不断寻找的是一种简单却又至关重要的东西：意义。本书揭示并解构了人们追寻意义的旅程，不仅可以帮助我们理解身边的世界，还能帮助品牌营销人员创造、发展和长期维护品牌。

人们寻找的是意义而非品牌

首先要明确一点：人们寻找的是意义而非品牌。也就是说，我们之所以与他人交往、购物消费、体验生活，都是为了解决现实中的自我、理想中的自我和在他人眼中的自我这三者之间的冲突。

成功的品牌不仅能充当解决这些冲突的角色，而且能帮助人们找到意义所在。在这个过程中，品牌自身也会变得有意义。

无法帮助我们解决这些冲突的品牌不会有未来。因为我们会很快遗忘这类品牌，所以它们必须不断提醒我们它们销售的是什么。在广告行业，这叫作“提高曝光率”。通过频繁的提醒，这些品牌希望我们下次购物时能想起它们。这样一来，我们就会逐渐认为它们的产品是有用的。也就是说，我们仅仅会因为产品好用就去购买，但在找到更便宜或更好的替代品后，就会去购买它们的竞品。

我们对品牌的不信任也是一个代际问题。婴儿潮一代[①]是品牌忠诚度较高的一代，因为在他们成长的过程中，可选择的东西少，接触广告的渠道也少，只有电视可以看。相比之下，超过一半的千禧一代[②]根本不关心品牌。卡登咨询公司（Cadent Consulting Group）2018 年的一项研究显示，51% 的千禧一代认为自有品牌和大众品牌没什么区别。这

① 指各国在生育高峰期出生的一代人。在美国，一般指第二次世界大战后 1946—1964 年出生的人。——编者注

② 指出生于 20 世纪中后期且 20 世纪时未成年，在 2000 年以后成年的一代人。——编者注

一现象推动了乔氏超市（Trader Joe’s）[①]、奥乐齐（Aldi）、亚马逊等自有品牌的发展，这些品牌现在与大众品牌旗鼓相当。

现在，人们在购物时往往更看重一些附加的权益，诸如免运费或宽松的退货政策，而不是品牌本身。这就是店铺自有品牌产品的增长速度是其他品牌产品的 3 倍的原因。为此，各家零售商优化了店铺自有品牌的产品设计，使其与大众品牌产品水平相当。例如，塔吉特（Target）已经推出了数十种自有品牌产品，并在品牌推广和产品设计上投入了大量资金。

生活艰辛，工作繁重。我们每天花费大量的时间参加视频会议，回复数百封电子邮件，除了完成工作任务，有时甚至还要加班。作为弥补，我们会在社交媒体上为自己描绘一种理想化的生活方式，这种生活方式非常休闲，蕴含独特的体验，并且通过光鲜亮丽的照片向外界展示出来。

社交媒体平台让我们能够传播这种理想化的生活方式，向世界展示出自己比别人优越的地方，比如有钱买奢侈品，有时间享受度假和派对，或者看上去比那些努力工作的朋友拥有更多的休闲时光。这种积极的展示能让我们从自己的朋友和粉丝那里收获好评，不仅给我们带来幸福感，还会增强我们的自尊心。为了保持这种感觉，我们就会在社交媒体上发布更多的内容，即使这样做最终会降低我们的自制力，让我们越

① 乔氏超市创始人乔·库隆布（Joe Coulombe）在《坪效之王》一书中揭露了火爆美国的乔氏超市的经营之道。该书中文简体字版已由湛庐引进，浙江教育出版社于 2024 年 8 月出版。——编者注

来越冲动，行为越发放纵，比如过度消费、暴饮暴食等。

广告业在消亡，与消费者渐行渐远

与以往几代人不同，如今的消费者即便没有看过许多传统广告，也可以获取大量信息。消费者可以无视广告、跳过广告，甚至使用广告屏蔽软件来阻止数字广告进入自己的生活。截至 2019 年，大约 26% 的互联网用户依靠广告屏蔽软件来避免数字广告的干扰。屏蔽广告并非一时的潮流。广告屏蔽软件的使用越来越普及，并且影响着电子设备（台式机、笔记本电脑、手机和平板电脑）的使用及线上平台和出版商的运营。

这对出版业来说是令人担忧的消息。随着广告收入的减少，报纸和杂志的发行量直线下降。因此，出版商要依赖数字广告来支撑业务运营。然而，2020 年左右，约有 26% 的美国读者使用广告屏蔽软件，这就导致美国出版商仅在 2020 年收入就下降了近 350 亿美元。

针对这一现象，一些像 Facebook 这样的线上平台正在投资开发能够阻止广告屏蔽软件的技术。这些技术可以使广告屏蔽软件无效，这样一来，线上平台就能向安装了广告屏蔽软件的用户继续投放广告。然后又有了让阻止广告屏蔽的软件失效的软件，这样就引发了软件开发者之间的“猫捉老鼠”游戏。人们不禁要问：谁才是真正的受益者？

但是，用软件推送广告只是一种战术，目的是将更多令人厌烦的广告强加给已经信息过载的受众。对广告主来说，真正的解决之道在于与人们在情感层面建立联系，协助人们追寻意义。本书将告诉你如何创建消费者愿意追随的、不会无视的、有意义的品牌，如何展示有意义的、消费者感兴趣的广告和内容。

> 我的广告费有一半都浪费了，问题是我不知道浪费的那一半是什么。
>
> ——约翰·沃纳梅克（John Wanamaker，1838—1922）[①]，美国商人

尽管各种技术和先进的分析手段层出不穷，但从沃纳梅克 100 多年前说过这句话以来，情况并没有太大改变。下面我将分析为什么大多数营销举措会失败。

这是因为大多数市场营销和广告行业的高管生活在幻想之中，与他们的目标，也就是现实世界中的消费者脱节了。

许多营销人员通常居住在像纽约、旧金山这样的大城市，比起美国中部的消费者，他们的收入更高，能接触到更多的媒体。广告公司 ThinkBox 2016 年所做的一项研究显示，营销人员高估了人们在各种电子设备上观看视频的时长，预估时长比实际时长高出了整整 18 倍。他们也高估了人们在视频点播（VoD）设备上花费的时间，预估时长比实际时长高出了整整 10 倍。研究中涉及的这群营销人员，他们自己在社交媒体或视频点播设备上花费的时间则是普通消费者的 3 倍。由于市场营销和广告行业的专业人士一直处在技术创新的前沿，需要尽可能多地

① 约翰·沃纳梅克被誉为“百货商店业之父”，曾任美国邮政部部长。——编者注

接触各种媒体，上网时间也比大多数人长，所以他们就会认为其他大多数人和他们一样。

新哈特兰集团（New Heartland Group）是一家位于田纳西州纳什维尔的广告公司，该公司的保罗·扬科夫斯基（Paul Jankowski）请营销高管们分享他们对美国中部地区消费者的看法。在与他们的坦诚对话中，扬科夫斯基听到了这样的表述："乡下人，宗教狂热分子，守旧的红脖子[①]，对自己的无知和偏见很自豪。"于是，这家公司组织了一场文化体验之旅，带着广告主及其代理商到田纳西州进行了一场两三天的访问，帮助他们更多地了解美国中部地区。在旅程中，扬科夫斯基让营销人员与当地人直接交流，而这些当地人并不一定在广告行业工作。这个旅行团还去了当地的酿酒厂和户外用品店 Bass Pro Shops，体验了一番纳什维尔版的《心灵之地》（*Heartland*）[②]。

事实证明，广告从业者也讨厌广告。广告公司 Pressboard 的联合创始人贾森·格里姆（Jason Grimm）曾调查过在广告公司各部门和广告发行平台工作的从业者对广告的态度。这些广告从业者中有 27% 的人在家使用广告屏蔽软件（如果在工作中使用这种软件就有些不妥了），79% 的人通过录像机观看视频时会跳过广告，98% 的人选择观看无广告的流媒体内容。就像他们的目标消费者一样，他们自己也更愿意相信朋友推荐的产品，或通过社交媒体、文章和电子邮件获取信息。"我们

① 红脖子是对美国南方乡下白人的蔑称，在媒体和主流文化中指贫穷落后、没文化又保守的白人。——译者注

② 经典的家庭温情连续剧，该剧于 2007 年 10 月在加拿大首播，至 2023 年已有 16 季完播。——译者注

可能是唯一主动回避自己生产的产品的行业，”格里姆说，“我不太信从事有机养殖的农民晚餐会吃转基因、笼养且打了激素的鸡。牙医也不可能不刷牙。如果连广告从业者都避开广告，难道还有资格期望消费者去看广告吗？”

消费者的偏好和决策依据在变化

查尔斯王子 1948 年出生于英国，他结过两次婚，育有两个孩子，在商界有所成就。同年出生的另一位英国男子，也结过两次婚，育有两个孩子，并以自己的方式在商界获得成功，但他的名字叫奥齐 · 奥斯本（Ozzy Osbourne）。

多年来，市场营销行业根据人口统计特征来调查、细分和定位目标消费者。所谓的标准人口统计特征，包括年龄、性别、地区、收入、婚姻状况、家庭规模、种族背景和教育背景。

市场营销行业会根据这些特征针对在美国人口普查中具有代表性的一般人群的样本进行抽查。但结果显示，除了房子、汽车、高端奢侈品（比如价值六位数的珠宝）和一些小众生活用品的消费，消费者的收入水平几乎无关紧要。

当你要购买 4 美元的星巴克咖啡时，你的年收入是 4 万美元、10 万美元还是 20 万美元都无所谓。如果你真的想喝星巴克的咖啡，你总会找到钱的，即使你还和自己的爸妈蜗居在一起。

再举几个与休闲娱乐相关的例子。美国国家橄榄球联盟（NFL）比赛的一张门票价格与在拉斯维加斯住一晚的费用相当。美国流行乐女歌手阿里安娜·格兰德（Ariana Grande）演唱会的一张内场高价门票的票价相当于在米其林星级餐厅吃一顿晚餐或做一天水疗的花费。基于现场观看 NFL 比赛的人数十分可观（有些体育场甚至可以容纳近 10 万人），就认为所有球迷都是高收入者的想法是很天真的。有些球迷宁愿降低在其他商品上的消费，也要用他们收入的一大部分去看比赛。

不过，也有一些例外情况，表明人们的消费状况与收入水平挂钩：一个白人不太可能会购买专门为黑人设计的洗发水；一名学生不太可能会购买面包车；男性很少购买女性卫生产品，而且也不知道怎么买。

福特野马（Bronco）、玛莎拉蒂吉博力（Ghibli）和特斯拉 Model S 有什么共同点？乍一看，似乎没有。福特野马是一款笨重又耗油的运动型多用途汽车（SUV），于 1966 年推出。这款车之所以广为人知，是因为 1994 年美国前橄榄球明星辛普森（O. J. Simpson）在洛杉矶高速公路上逃亡时开的就是它。玛莎拉蒂吉博力是一款运动型豪华跑车，它承载着意大利跑车独有的浪漫魅力。特斯拉 Model S 是一款电动汽车，它是企业家和社会活动家埃隆·马斯克智慧的结晶，正是马斯克开创了电动汽车的大众市场。这三款看似截然不同的汽车有一个共同之处，那就是它们的价格都差不多。花 7.5 万美元，你就可以告诉全世界："我和电影中扮演辛普森杀妻案主角的演员开同款车，我也有点像个坏小子。""我开着一辆时尚的意大利跑车，它速度快且迷人。""我关心环保，并且相信埃隆·马斯克的愿景能够实现。"

消费心理细分（psychographic segmentation）就是根据消费者的价

值观、态度、人格特质、兴趣和生活方式，将一个品牌的市场划分为不同的细分市场。有些消费者喜欢精酿威士忌，有些消费者非常关注健康，还有些消费者真的很关心环保。很多人将消费心理学视为市场营销的“圣杯”，因为它能够让品牌根据各个细分市场群体的兴趣和态度来定制信息和产品。例如，臭名昭著而现已消失的咨询公司剑桥分析（Cambridge Analytica）曾滥用消费心理学定位工具来助推唐纳德·特朗普的第一次美国总统竞选活动。

把合适的产品提供给合适的消费者，这样做只是成功了一半。另一半则是要在恰当的时间、用恰当的信息触达目标消费者。为了理解当今消费者的决策过程，确定接触消费者并影响其决策的最佳时机，谷歌进行了广泛的研究。尽管这些研究是服务谷歌自身的，但是其结果非常有价值。谷歌确定了消费者形成偏好和做出决策的5个“微时刻”[①]。例如，“考虑购买时”指的是人们想学习、想做些什么，想了解、想看、想买些什么，并且正要付诸行动的时候。

> 作为营销人员，我们拥有丰富的数据，但缺乏深刻的洞察。
>
> ——卢·帕斯卡利斯（Lou Paskalis），
> 美银美林集团（Bank of America Merrill Lynch）
> 消费者关系和媒体投资部门前高级副总裁

大数据可以告诉你人们做了什么，但并不能告诉你他们为何这么

① 这5个“微时刻”包括：需要信息时、考虑购买时、分享体验时、遇到问题时和做出决策时。——编者注

做。正如拥有 30 年广告行业经验的顾问阿维·丹（Avi Dan）所指出的："在数据收集和分析方面，广告行业所具备的能力还未到成熟阶段。"广告公司 CP+B 集团（Crispin Porter + Bogusky）的主席兼联合创始人查克·波特（Chuck Porter）也说过："如果大多数分析师对 2016 年特朗普的总统竞选和英国脱欧公投的结果预测都错了，那么他们对于你选择什么样的航空公司、汽车或者早餐麦片的判断还会准确吗？"

成功的品牌必然承载意义和使命

本书与其他营销书籍的根本不同之处在于，它通过消费者的视角，而非营销人员的视角看待世界。消费者为了塑造个人身份并过上有意义的生活，会去寻求个人意义、社会意义和文化意义。理解这些意义，你才能够创建和发展品牌，解决消费者现实中的自我和理想中的自我之间的冲突。

> 好的营销赋予组织的最大能力就是帮助团队从消费者的角度看待世界，然后在未来提供的产品或服务中做出适当的调整。
>
> ——马克·里特森（Mark Ritson），
> 专栏作家、前营销学教授

潮流、趋势、意义和使命

潮流、趋势、意义和使命是 4 个不同的概念。

1. **潮流会逐渐消退。**节食减肥就是一种潮流，因为大多数人发现这种减肥法过于严格了，无法长期坚持下去，所以会逐渐放弃。此外，科学界最终拆穿了节食减肥的“神话”。最重要的是，潮流毫无意义。除了让人减掉一些体重，节食对个人身份的塑造没有任何积极影响，而且你的体重很可能在停止节食的几天内就会反弹。

2. **趋势比潮流持久，更有可能影响市场。**混合健身（Cross-Fit）就是一种趋势，在美国，曾开设了数百家 Cross-Fit 训练室。但如果人们因为疫情而被困在家 18 个月，那他们是否还愿意在早上 4 点半起床举重并做几十个波比跳？如果训练室在疫情期间继续培养良好的社群氛围，那么答案是肯定的。但如果他们只是让会员照着同一种锻炼计划进行锻炼，同时又出现了众多替代方案的话，那么答案就是否定的。

3. **意义会对我们产生更深远的影响。**有意义的事物令人充实，会对我们的生活产生积极影响。所有品牌都必须理解意义，因为首先意义能驱动人们的行为，让人产生购买的动力。其次，意义本身是持久不变的。

4. **人们追求的是个人意义、社会意义和文化意义。**本质上，人们购买品牌产品是因为它们承载了一种使命，能帮助人们实现对个人意义、社会意义和文化意义的追求。

个人意义

寻找个人意义就是一种自我提升。一个人的“自我”就是他的一切，包括身体和精神，还包括他的衣服和房子，妻子和孩子，祖先和朋友，声誉和成就，拥有的土地、游艇和银行账户。

作为个体，我们不断通过日常生活、工作，以及参与的所有活动来寻找意义。

作为消费者，我们通过拥有或使用东西来扩展自我。“扩展的自我”是一个隐喻，也就是要把人们的自我与人们拥有的东西相结合。我们越相信自己占有某样东西或被某样东西占有，它就越会成为自我的一部分。

社会意义

在消费社会中，休闲和消费是核心的社会意义，也是社会关系的基础。我们每天都通过使用物品、品牌产品与周围环境互动。通过这些互动，我们创造和改变了消费符号的意义。我们不断受到朋友、家庭成员以及其他所属群体的影响，反过来也在影响着对方。我们经常通过购买特定的品牌产品，成为某个群体的一员，或模仿仰慕的明星、网红来提升自己的社会地位。这就是为什么星巴克的品牌意义比一杯纸杯上印有美人鱼的热咖啡要大得多。星巴克的杯子被视为地位的象征，它也是一个时尚配饰或者现代性象征。社会学家用来分析这些意义的方法被称为符号互动论（symbolic interactionism）①，该理论也是本书的内核。

---

① 一种社会学和社会心理学理论，主张从人们互动着的个体的日常自然环境去研究人类群体生活，由美国社会学家乔治·赫伯特·米德（George Herbert Mead）创立，由其学生赫伯特·布鲁默（Herbert Blumer）于 1937 年正式提出。——编者注

文化意义

文化的概念复杂且抽象，因为它包含了各种隐性和显性的部分。尽管人们发现了200多种关于文化的定义，但在营销中使用最广泛的是爱德华·泰勒（Edward Tylor）[①] 提出的定义。泰勒将文化定义为“一个复杂的总体，包括知识、信仰、艺术、道德、法律、风俗，以及人类在社会中获得的一切能力与习惯”。文化不是遗传的，而是通过社会互动习得的，由特定社会的成员共享、世代相传。

对于品牌来说，开发文化意义是困难的，因为它们不能仅仅专注于自己能控制的东西，比如广告。品牌还必须理解和拥抱文化。文化主要由品牌的受众所驱动，而且在不断变化，即使有时变化得比较慢。与重定向（retargeting，一种根据消费者之前的互联网行为来寻找目标受众的在线广告策略）和其他策略不同，将品牌嵌入文化是一项长期的战略性举措。杰出的品牌不仅与文化相融，而且还能在时尚、音乐、电影、体育、食品饮料、艺术和设计领域创造文化，成为该领域标志性的存在。户外用品品牌巴塔哥尼亚（Patagonia）就是一个典范，它通过开发文化意义与竞争对手区分开来。巴塔哥尼亚给员工提供冲浪和滑雪假期，倡导可持续发展事业，并且在广告活动中只使用其消费者拍摄的照片。

那些与文化不相融的品牌往往会被无视。还有一个最糟糕的情况，那就是不合时宜的广告会冒犯受众，引发公关灾难。以意大利时尚品牌杜嘉班纳（Dolce & Gabbana）为例，为了一场即将举行的时装秀，该品牌曾发布过一系列宣传视频，其中一个画面里，一位亚洲模特正奋

① 美国“氢弹之父”，理论物理学家。——编者注

力用筷子吃意大利菜，由此引发了争议。品牌创始人斯特凡诺·嘉班纳（Stefano Gabbana）为这则广告做了辩护，但是他被认为发表了种族歧视的言论，一系列强烈的抵制行动随之而来。模特们撤出秀场，社交媒体上的负面声音迅速扩散，最终，品牌不得不在最后一刻取消了时装秀。如颇特（NET-A-PORTER）等零售商和电商平台立即停止销售杜嘉班纳的服装，该品牌的许多粉丝也开始抵制了。近年来，杜嘉班纳每年平均营收 13 亿美元，而中国市场就占据了世界奢侈品市场的 30%，这次事件让杜嘉班纳损失惨重。

功能、体验和符号

为了帮助消费者实现他们对意义的追求，品牌必须创造结合功能、体验和符号的产品。这种组合的比例决定了产品对消费者的意义有多大，以及消费者对品牌的关注程度。

1. **功能是指产品的作用。**漂白清洁剂可以用于清洁厨房，汽油能够为汽车提供动力，布洛芬可以减轻疼痛。
2. **功能性产品满足消费者的功能性需求，消费者对该类产品的反应也较客观。**漂白湿巾比液体漂白清洁剂更容易使用；消费者希望加油站干净明亮；小药丸比大药丸更容易吞咽。
3. **单单被消费者视为商品的品牌会面临困境。**因为消费者对于选择哪个品牌的产品不会再三考虑，不愿支付太多的溢价，而在有更好的选择时，消费者会毫不犹豫地放弃之前选择的品牌的产品，转向竞品品牌。

4. **体验是指消费的感受。**吃奶酪通心粉会让人感觉舒适；坐飞机头等舱旅行让人感觉奢华；消费者在体验某些事物时会强调其所带来的情感和感官体验，而忽视其功能。

5. **符号是事物被赋予的一系列意义。**巴黎是浪漫的，红色圣诞毛衣很俗气，嬉皮士留长胡子、穿格子衬衫。就像星巴克杯子一样，这些符号的意义在某种程度上是主观的。

对于消费者而言，拿着路易威登的包或在拉斯维加斯狂欢并没有为他们提供什么功能性上的满足。虽然奢侈品包很结实，拉斯维加斯的阳光可以补充维生素 D，但它们的真正好处在于体验和符号的象征意义。在拉斯维加斯过周末要比在自己家开派对更让人着迷，即使你听的是同样的音乐，喝的是同样的啤酒。这是因为拉斯维加斯象征着成功、奢华和放纵。

现在，我们已经分析了消费者如何创造意义以及品牌如何识别、确定产品构成的问题，是时候深入探讨这两者之间的冲突，并学习如何去创建既解决这一冲突又能保持成功的品牌了。在本书中，你将看到包含许多案例研究的“意义驱动的高增长品牌”部分，以及“打造令人痴迷的品牌意义”的部分，前者会重点介绍成功品牌的做法，后者则强调如何将每章的知识应用于品牌的经营。

BRAND HACKS

第一部分

为品牌注入人生意义

BRAND HACKS

HOW TO BUILD BRANDS BY FULFILLING THE CONSUMER QUEST FOR MEANING

第 1 章

策略 1，让消费者找到幸福感

- 我们的社会联系越多，却感觉越孤独。我们渴望实现自我，却又时常感到寂寞。
- 品牌必须帮助消费者构建和维持有意义的联系。

古往今来，人们一直在追求幸福。哲学家、神学家、心理学家、经济学家、营销人员、心灵励志大师、好莱坞和百老汇的演员，每个人都在努力寻找幸福的源泉。尽管人们都在寻找幸福，却难以描述幸福的模样。幸福意味着度过具有异国情调的假期，与家人共进晚餐，买了一个新的手提包，还是说换了更大的房子？幸福不仅是一种正向的情绪，更是一种整体的身心状态，包括内心的愉悦感、参与感、深层的满足感和意义感。然而，如果过度执着于寻找幸福，就可能会错过生活中一些带来快乐和满足的小事。

在过去 20 多年里，积极心理学和有关幸福的科学领域在揭示幸福源泉方面取得了长足的进展。例如，马丁 · 塞利格曼（Martin Seligman）① 和埃德 · 迪纳（Ed Diener）② 等积极心理学家分析了“最幸福的人”的生活方式，发现人们可以在一定程度上通过思考和行动产生幸福感。

---

① 马丁 · 塞利格曼，美国心理协会前主席，被公认为“积极心理学之父”，其著作《活出最乐观的自己》《认识自己，接纳自己》的中文简体字版已由湛庐引进，浙江教育出版社于 2020 年、2021 年出版。——编者注

② 著名心理学家，幸福学研究的创始人之一。——编者注

人们可以从 3 个维度提升幸福感。

1. **生活的愉悦度。**当人们从日常乐事中体会到积极的情绪时，就会产生愉悦感。具体可以通过享受美食、和伙伴交流、看日出或者听音乐等方法实现。本书的后半部分将探讨正念，正念可以帮助人们放大积极的情绪，而且随着正念练习的加深，还能将积极的情绪延续下去。

2. **生活的高质量。**通过培养技能、发现自己的特长和优点，利用它们来改善生活，我们可以拥有高质量的生活。当一个人积极投入于某件事的时候，例如刷墙、装饰房屋，制作复杂的幻灯片或写书，而这件事又有一定的挑战性，个人也觉得自己的技能正好适合做这件事，那么就会体验到一种叫作“心流”的状态。在这种状态下，人们会完全沉浸于一件事，在实现目标后，还特别有成就感。

3. **生活的意义感。**当人们实现超越自我的目标时，就会感到充实。当我们承担起养家糊口的责任、获得了晋升，完成那些让自己有充实感的事情，我们就会觉得生活有意义。

芭芭拉·弗雷德里克森（Barbara Frederickson）① 是社会心理学和积极心理学领域的领军人物。她通过社会科学的视角，以调查研究、假设和数据为基础，研究爱、快乐、自豪感等积极情绪。

① “全球最具影响力的 12 位心理学家”之一弗雷德里克森在著作《积极情绪的力量》中，教你稳步提高韧性、创造力和幸福感。该书中文简体字版已由湛庐引进，中国纺织出版社于 2021 年出版。——编者注

弗雷德里克森提出，培养积极情绪的一个方法是做好积极情绪的档案整理。每个积极情绪档案，都是由纪念品、图像、礼物、音乐和其他能唤起如快乐、自豪感等特定积极情绪的事物组成。相关研究的参与者通常会在一周中花两天时间整理自己的积极情绪档案，然后用剩余的 5 天做回顾。安娜·卢卡斯（Anna Lucas）是本书的众多贡献者之一，她在宾夕法尼亚大学研究积极心理学。刚开始练习时，卢卡斯选择“感恩”作为自己积极情绪档案的主题。随着时间的推移，她整理了不少积极情绪档案，每份档案对应着不同类型的积极情绪。卢卡斯表示，这项情绪练习贯穿了她一整天乃至一周的工作生活。而这样的积极情绪档案也让她更容易、更快速地用积极的情绪来激励自己。每当她需要给自己打气时，都会回顾自己整理的这些积极情绪档案，唤起美好的回忆。

斯巴达勇士赛帮助人们提升幸福感

斯巴达勇士赛是一项系列障碍赛，它提供了一个平台，帮助人们走出舒适区，突破自己的身心极限。在参加比赛之前，参赛者会提前几周或几个月“像斯巴达人一样”进行训练。斯巴达勇士赛组织的课程旨在帮助人们做好身体准备，并借此夯实参赛者所在社区的建设。参赛者会得到有关营养搭配的建议，组织方也会鼓励他们购买相应的装备。完赛后，参赛者将获得一枚奖牌，作为成功挑战自我、掌握必要技能并实现目标的实物证明。如今，斯巴达勇士赛每年会举办 200 多场赛事，有时一场比赛的参赛人数高达 1 万人。

斯巴达勇士赛从 3 个维度帮助人们提升幸福感。首先，通过具有挑战性且立马有回报的锻炼活动提供给人们即时的快乐。其次，在比赛的准备过程中通过帮助参赛者制订训练和营养计划可以让他们体验到心流。最后，这项赛事能够促成一个由志同道合者组成的社群，人们在社群中可以相互分享成就，使自己的成功更加有意义。

打造令人痴迷的
品牌意义
BRAND HACKS

如何为消费者创造幸福感

一家品牌公司如何才能满足消费者以下 4 个需求?

1. 想要感到愉悦。一家品牌公司应该想办法提供让消费者立刻觉得有所收获的产品和服务，并且要让他们长时间地感受到愉悦。第 2 章将详细介绍关于即时满足的内容。

2. 想要进入心流状态。品牌公司要帮助消费者习得新技能、实现新目标。要做到这一点，关键是目标设定，要设定一个对大多数人来说都具有挑战性但又可以实现的目标。在创立斯巴达勇士赛并获得成功之前，创始人乔·德·塞纳（Joe De Sena）曾在极限运动平台 Peak.com 的项目上亏损了数百万美元。事实证明，没有多少人愿意进行长距离跋涉训练，只为穿越撒哈拉沙漠或攀登珠穆朗玛峰。

3. 想要获得深度满足。这里所谈论的不仅仅是要为消费者提供良好的服务，比如缩短客服中心的响应时间，而且要使产品或服务为消费者的生活带来持久的积极影响。

4. 想要感到有意义。品牌产品如何为消费者的生活注入意义？这正是本书力求回答的一大问题。下文会对该问题做详细阐释。

我在追求幸福，我也知道闪耀的东西不一定都是金子。

——卡迪小子（KID CuDi），

美国说唱艺人、歌手、词曲作者和制作人

将快乐带给他们

如果说幸福是一种状态，有时可能很模糊，那么快乐就是一种强烈的、转瞬即逝的情绪，人们只能在很短的时间内体会到。追求幸福需要长期的努力，但快乐的瞬间很容易找到。英格丽·费泰尔·李（Ingrid Fetell Lee）是一名设计师，她曾花了 10 年时间研究快乐和幸福。在她的博客“快乐美学”（The Aesthetic of Joy）和著作《快乐美学》（*Joyful*）中，她梳理出了快乐的四大好处。

1. **快乐是会传染的。**当一个人感到快乐时，举手投足间会散发出迷人气息。例如，当顾客走进一家商店，看到所有店员都很高兴时，就会在店里停留更长的时间、购买更多的东西，而且更有可能再次光顾。
2. **快乐使头脑更敏锐。**当一个人感到快乐时，他的工作效率会更高，也能做出更好的决定。如果处于谈判中，心情愉快的人更有可能占据上风。
3. **快乐使人更愿意接受新的想法。**恐惧会迫使人们囿于应对当下的事情，而快乐则会引导人们去探索未来。快乐的人，其大脑的认知会变得更加灵活，心理学家将这种特性称为认知弹性（cognitive flexibility）。

4. **快乐使人更有韧性。**片刻的快乐就能产生巨大的作用，因为它可以抵消压力给身体带来的不良反应。

快乐从何而来

有些人性格内向，有些人性格外向；有的人善用左脑，有的人善用右脑。但所有人找到快乐的方式大同小异。英格丽·费泰尔·李进行了一场快乐之源的探索之旅。她发现，无论人们的年龄多大，性别、种族是什么，热气球、彩虹、金鱼眼和烟花都会给人们带来快乐。也就是说，给人们带来快乐的事物具有相似的物理属性，设计师称之为快乐美学。令人快乐的事物通常是圆形的，比如甜甜圈和旋转木马，它们有很多鲜艳的颜色，有对称的形状和重复的图案，能够大量获得，并且能给人们带来超然和自由的感受。人们经常忽视这些事物，认为它们带来的乐趣微不足道，但正是这些事物使人们更具人性。

在营销中融入快乐元素

威士忌品牌尊尼获加（Johnnie Walker）是成功将快乐元素融入营销活动的知名品牌之一。这家苏格兰威士忌品牌曾求助于人类幸福专家、心理学家马特·基林斯沃思（Matt Killingsworth），让他为其宣传活动提供建议。基林斯沃思的研究表明，快乐的人更容易成功。基于此发现，尊尼获加将“Keep Walking”（永远向前）的广告语变为“Joy will take you further. Keep Walking”（乐在其中，迈步更远）。它这样做就是为了宣传这样一种理念：拥有快乐和积极的心态，可以加速进步、助力成功。

食品品牌 Primal Joy 的核心营销理念是“美食幸福感”（food happiness），它的成功证明了一点：哪怕没有数百万美元的营销预算，一家公司也能成功。Primal Joy 的品牌策略是传递出手工自制天然食品的暖心感。它的商标是一个融合了公司名称首字母的手绘心形图案。它的宣传语“Natural Food Happiness”（天然美食的幸福感）热情而简洁。Primal Joy 的 Instagram 主页色彩缤纷，通过令人振奋的图片，向人们展示了在简单的食谱中使用它的产品的方法。

1971 年，可口可乐公司的广告顾问比尔·巴克（Bill Backer）想要重塑可口可乐的定位，使其不只是一罐汽水。他认为可口可乐应该成为所有人都喜爱的饮料。为了实现自己的愿景，巴克和三位词曲作者创作了广告曲《我想给全世界买瓶可口可乐》（*I'd Like to Buy the World a Coke*）。这首歌里令人愉悦的歌词体现了可口可乐平等的价值观。不久之后，巴克拍摄了“山顶广告”，让一群来自世界各地的年轻人在山坡上合唱这首歌。这则广告的效果立竿见影。可口可乐公司收到了超过 10 万封关于该广告的信件，有些消费者甚至会打电话给广播电台要求播放这首歌。

打造令人痴迷的品牌意义
BRAND HACKS

如何帮助消费者卸下生活的重担

想要让消费者从日常生活的重担中抽离出来，逃离尘世，带领他们进入另一个世界，关键在于利用消费者的想象力。具体可以这样做。

采用最新的科技手段逃离现实

消费者现在会花越来越多的时间来体验增强现实（AR）和虚拟现实（VR）技术。品牌设计咨询公司西尔万（SYLVAIN，前身为 Sylvain Labs）的创始人兼 CEO 阿兰·西尔万（Alain Sylvain）认为，年轻人不喜欢上 Facebook 就是因为它过于贴近现实。西尔万说："在 Facebook 上，你无法逃离尘世……它只能让你最大程度地接近现实世界。"相比之下，增强现实的手段将人们所处的环境彻底改变。例如，借助社交媒体平台色拉布（Snapchat）的镜头效果和 Instagram 的滤镜，用户可以利用增强现实技术来创作，并且可以将所有内容打造成具有强大互动感的体验。再比如，《超级马力欧创作家 2》（*Super Mario Maker 2*）、《我的世界》（*Minecraft*）和《泰拉瑞亚》（*Terraria*）等电子游戏也能让游戏玩家创造各种稀奇古怪的建筑，甚至构建一整个虚拟世界。

增强现实技术能让人们反客为主，主动逃避现实。人们不仅可以作为观众旁观，还可以身临其境。例如，受到谷歌增强现实游戏《虚拟入侵》（*Ingress*）和《精灵宝可梦 GO》（*Pokémon GO*）等基于用户所在地理位置的增强现实游戏的鼓舞，索尼、微软、三星等品牌公司也正加大投入来开发虚拟现实头盔。

暂时断开人们与外界的联系

英国广告公司阳狮普科（Publicis · Poke）前 CEO 尼克·法恩希尔（Nick Farnhill）认为，逃避主义的趋势正在兴起，这直接反映出人们在现实世界中缺失有形体验的事实。人们感到筋疲力尽，因为感官一直处于高度紧张的状态。消费者不断地在远离"一切数字化的事物"，开始享受制作手工艺品、听黑胶唱片、学习烹饪课程和观看戏剧演出等有形体验。

为了摆脱现代生活的压力，逃离“随时在线”的着魔状态，人们可能会选择与外界断联，哪怕断联一会儿也好。

给人们独一无二的惊喜体验

秘密影院（Secret Cinema）是一家沉浸式剧场，它创造了一个 360 度参与式的秘密世界，人们可以真正沉浸其中。秘密影院创造的体验模糊了观众与表演者、布景与现实之间的界限。这些在废弃建筑等独特空间创造的体验将音乐、艺术、电影、戏剧和舞蹈相结合，使电影变得栩栩如生。秘密影院从不提前透露体验发生的地点或其他细节，充分利用已被人们遗忘了的神秘感所带来的乐趣。

提供更简单的、慢节奏的体验

平时“随时在线”的状态重新燃起了人们对于慢节奏的渴望。精品烘焙咖啡品牌蓝瓶咖啡（Blue Bottle Coffee）通过“一种仪式……像冥想一样的过程”制作手冲咖啡。在许多方面，蓝瓶咖啡与快餐连锁品牌唐恩都乐（Dunkin’ Donuts）、麦当劳，甚至星巴克等的做法完全相反：它的店内没有机器、电源线、屏幕或闪烁的绿灯，重点只放在顾客、咖啡师和一些简单的工具上面。蓝瓶咖啡会邀请顾客花时间“观察咖啡粉香气的绽放”“享受咖啡醉人的第一道蒸汽”“注意手冲咖啡时在粉末上形成的螺旋会如何改变一杯咖啡的风味”。通过这样的体验，顾客会认为蓝瓶咖啡是那种让人想起“是滴漏式咖啡机制作出来的，但明显更加精致和复杂”的咖啡饮品。正如蓝瓶咖啡的例子一样，品牌公司可以通过提供更少的选项、更慢的节奏，来为消费者打造更具参与性、更有意义的体验。

高增长品牌意义驱动的

拉斯维加斯：这里发生的事情只会发生在这里

“What happens here, stays here.”（这里发生的，就留在这里。）是现代旅游业营销中最著名的一句广告语。后来，这句广告语更新为“What happens here only happens here.”（这里发生的事情只会发生在这里。）。相关营销活动是由广告公司 R&R Partners 于 2003 年发起的，目的是推广拉斯维加斯的城市品牌。通过一年的市场调查，R&R Partners 得出结论：拉斯维加斯与顾客之间的情感纽带是自由，也就是体验、观看、吃喝、穿着和感受的自由。这种自由有两个层面：第一，让人们自由地做不一样的自己；第二，让人们享受摆脱日常生活束缚的自由。人们只要一想到拉斯维加斯，不开心的事就烟消云散。得出这点结论之后，营销策略就变得清晰了，要想办法满足顾客的这种需求，就要在拉斯维加斯和顾客们都渴望的自由之间建立深刻的连接。

让他们不再那么孤独

根据 1985 年版的美国综合社会调查（General Social Survey）的结果，从 20 世纪 80 年代末到 21 世纪第一个 10 年末的 30 多年里，没有亲密朋友的美国人的数量增加了 2 倍。四分之一的受访者承认自己没有密友。平均而言，每个美国人只认识两个自己认为可以交流重要问题的人。此外，全球健康服务公司信诺（Cigna）发现，四分之一的美国人很少或从不觉得有人真正了解他们，超过三分之一的美国人表示在他们需要帮助时没有可以求助的人。

这样的现象很有讽刺意味。科技使人们逐渐与社会脱节，因为人们用肤浅的网络互动来取代深层的人际交往。人类的本能会将自己定义为团体中的一员，团体目标明确，成员间达成共识。但是，在现代社会中，科技的进步催生了个体化的生活方式，而这对人类的精神来说是一种摧残。过去几年的疫情迫使大多数人居家办公，这就强化了人们的孤立感，让人们更明显地感到与社会脱节。

总之，科技，尤其是手机，极大地影响了人们建立新的社会关系的能力。站在任何一个路口的拐角处，你都会看到人们只顾低头看手机。更可悲的是，2020 年全球死于交通事故的行人数量上升了 11%，达到 20 多年来的最高值。大多数受害者都是边走路边忙着看手机，对周围的交通情况视而不见。这种现象促使荷兰小镇博德赫拉芬测试了一种新的交通信号灯。这种交通信号灯由嵌入斑马线的灯带组成，它们并非用来提醒车辆，而是提醒那些过马路时埋头看手机的“僵尸”行人。

16 ～ 40 岁的千禧一代和后千禧一代[①]感到与社会脱节的可能性是其他群体的 2 倍。他们缺乏人际交往、社会归属感和充实的社会关系。现在的人际联系不再需要打电话或开车见面，只需轻轻点击电子设备。互联网和其他相关技术即时提高了人们的社交满意度，因为在网上与人沟通似乎比在现实世界中更容易，不那么令人生畏。而实际上，科技阻碍了真正的人际连接。当人们沉浸在网上时，维护真实世界里线下关系的时间和精力就会变少。这样就会陷入恶性循环，导致人们会花更多的时间上网来弥补自己的孤独感，甚至可能会选择吃药来缓解孤独感。

① 通常指 1996 年以后出生的年轻人，也被称作 Z 世代。——编者注

在英国，孤独感已成了一个大问题，政府甚至任命了一位“孤独感部长”专门负责制定策略来解决问题。这一职位是根据英国前国会议员海伦·乔安妮·考克斯（Helen Joanne Cox）的提议设立的，她一直致力于提高人们对孤独感的危机意识。为了做好这件事，考克斯拜访了各行各业曾处于或正处于孤独中的群体，并倾听了他们的经历，涉及的受访者有雇主、员工、难民、护理人员、残障人士、儿童、父母、年轻人、老年人。考克斯与慈善机构、地方当局和企业合作，推动了“消除孤独运动”。“孤独感部长”会组织社区活动，为社区组织提供资金，收集各种关于孤独的信息和相关统计数据。

表面的快乐并非真实

一张微笑的自拍照和在异国他乡的旅行照往往并不能完全反映一个人的真实感受。新闻聚合网站 Buzzfeed 的播客节目《另一轮》（*Another Round*）的前主持人特雷西·克莱顿（Tracy Clayton）曾向听众提议，在社交平台 X 上发布一张自己在生活中遇到困难时分享过的照片。提议发出几分钟之内，大量照片被发布上来。在绝大多数照片中，人们看起来迷人、开朗、得意扬扬，但是配图文字却讲述了一个与照片气氛不同的故事。以下举几个例子。一位带着孩子、面带微笑的母亲写道：“我感到内疚，还有产后抑郁症，因为我认为我做错了一些事情，导致自己提前了 12 周分娩。”一位身上和头发上涂得五颜六色的运动员在照片上显得神情得意，配图文字却是：“我是右边这位。这是 4 年前的照片，当时我非常想自杀。”一个女孩在白金汉宫前留下了一张迷人的照片，写的文字却是：“我刚刚被诊断出患有创伤后应激障碍。”看起来越是欢快的图片，背后的故事越是令人沮丧。

社交媒体上的攀比更危险

社交媒体会让人们觉得朋友都比自己过得好，这会让人们感到忌妒和沮丧。例如，在看到别人的旅行照时，人们会感到忌妒并发布类似的内容作为回应，这就会让人们陷入忌妒的旋涡。最近的研究发现，自拍照同样有害心理健康，对于女性尤其如此。女人越去看自己女性朋友的照片，越会对自己的身体形象产生不满。尽管女性总是将自己与杂志上的模特进行比较，但社交媒体上的攀比更危险，因为对比对象是自己认识或与自己有关的人。当然，从好的方面来说，奢侈品和异国旅行的照片在让人忌妒的同时，通常也会激励人们努力工作，因为人们希望能够过上同样的生活。而浏览自己发布的帖子和照片也会对自尊心有积极的影响，因为这样人们感到自己可以管理向世界展示的形象。

打造令人痴迷的
品牌意义
BRAND HACKS

如何让消费者感觉不那么孤独

1. 在品牌展示上放人物肖像。俄勒冈大学的一项研究发现，消费者更喜欢包装上有人物肖像的品牌产品，因为这样的产品能帮助他们建立和维持人际关系。该研究的其中一位合作者贝蒂娜·康韦尔（Bettina Cornwell）指出："视觉元素可以填补消费者在社交上的心理空缺。当人们在品牌宣传材料中看到人物肖像时，对该品牌的好感度就会提高。"

2. 将人们联系起来。品牌可以将人们团结在一起，促进人际情感联系。个人护理和美容产品零售商丝芙兰（Sephora）设立了在线社区“内在美”（Beauty INSIDER），消费者可以在社区中提问、分享想法，与其他美容护肤爱好者互动来解决自己的困惑。

3. 为社区活动提供帮助。玛氏宠物护理公司（Mars Petcare）的营销总监克里斯·罗迪（Chris Rodi）推出了“宝路狗狗陪伴日”（Pedigree Dog Dates）的活动，旨在让老年人有机会遛别人的狗来解决孤独感问题。这个主意源于该公司与威豪宠物护理科学研究所（WALTHAM Petcare Science Institute）合作的一项研究。该研究揭示，从社区互动和心理健康的角度而言，宠物可以帮助人们减少孤独感。这项活动最初面向老年人，因为他们最容易受到孤独的困扰，但之后所有年龄段的人都可以参与进来了。

把消除消费者孤独感当作品牌使命

英国饼干和零食品牌麦维他（McVitie's）将消除人们的孤独感作为品牌的核心使命。麦维他计划通过在品牌中融入现代文化，并在社会中发挥积极作用来焕新品牌。它开展过一项名为“甜蜜相伴”（Sweeter Together）的宣传活动，其中讲述了一个孤独的起重机操作员的故事。尽管这个操作员努力与同事建立联系，但他仍旧感到被同事忽视了。然而，当他收到同事递来的一杯茶和一盘麦维他饼干时，一切都发生了变化。广告片以“有时候，小事其实就是大事”作为结束语。正如麦维他的母公司普拉迪斯（Pladis）的前市场营销副总裁萨拉·海嫩（Sarah Heynen）所言，“麦维他的使命是通过分享一块饼干这样非常简单的日常举动，将所有人紧密地联系在一起”。

营造家的舒适和温馨

在这个充满焦虑的时代，人们经常感到筋疲力尽，被社交媒体上的信息压得喘不过气来，从而更渴望拥有满足感和幸福感。为此，人们会在家里营造舒适、温馨的氛围。有的人会选择居住在更小但更实用的房屋中，并用具有意义的物品来装饰周围的环境。

用有意义的物品装饰环境

正如一位牧师所谴责的那样，人类社会在很大程度上失去了永恒的意义，人们接触的大部分物品都有保质期，不断地被淘汰。在美国，每年有 900 多万吨家具最终被倾倒在了垃圾填埋场中。人们买来各种时装、家具和电子消费品，却又很快丢弃它们。根据个人着装推荐应用程序 Cladwell 2018 年的数据，普通消费者平均拥有 120 件衣服，其中 80% 却都没有穿过。而回溯至 1936 年，普通女性只拥有 36 件衣服。不过，社会正在朝好的方向发展，随着越来越多的人选择居住在较小的房子中，物质财产的积累也变少了，人们会将注意力更多地集中在对自己更有意义的物品上。

居住在小而实用的住宅中

许多人因为多年租房、与室友或父母同住，会选择推迟购房，也会对自有房产更加珍惜。在美国，许多人在两层楼的家庭中长大，家中铺满了地毯，还有拱形天花板。在 2008 年次贷危机中，许多人失去了房产，由此导致的负面影响延续至今。如今的房主更加注重房屋装饰品的质量而非数量，更青睐小而实用的住宅而非奢华的别墅。人们更注重房屋的历史感而非同质化，追求个性化而非便利性。就像大多数产品一样，人们如果要买房，也会上网研究预想的房屋风格及装饰。如WhatWasThere这样的网站通过将历史照片与谷歌地图上的地理标签相匹配，让人们能够回顾过去的房屋历史。家装电视节目如《修复成瘾》(*Rehab Addict*)、《房屋翻新》(*Fixer Upper*)和《房产兄弟》(*Property Brothers*)越来越受欢迎，这些节目向新一代房主展示了挖掘老房屋独特的建筑细节的方法。

高增长品牌的意义驱动

Getaway 小木屋为人们提供远离日常喧嚣的机会

Getaway 小木屋提供给人们远离喧嚣、亲近自然的机会。这家小木屋租赁公司承诺让客户摆脱随时在线的状态，专注于自己、线下人际交往，享受大自然的美妙，远离日常生活的喧嚣。它提供的简约小木屋包含了客户所需要的一切，没有其他多余的设置。Getaway 受到了美国“小房子运动”的启发，这是一种倡导在小型住宅中过简单生活的趋势。将小型房屋建在自然环境中，出租给压力过大的城市居民，这一商业理念立即收到了良好的市场反馈。在新罕布什尔州（New Hampshire）建造的首座 Getaway 小木屋于 2015 年投入使用，它在开放前几个月就被预订一空，该现象为这家公司后续在美国境内建造 80 多座小木屋奠定了市场基础。

更看重物质财产的意义

随着人们清理掉家中的杂物，并将大部分金钱花在体验上而非物质上，留在人们身边为数不多的物品也就充满了意义和情感。这些物品有时看上去没什么特别的，但它们承载了人们所寻找的意义，代表了人们想要达成的目标，塑造了人们的身份。实际上，最有意义的物品往往是最私人、最独特的，而不一定是最昂贵的，它可能是一个人从秘鲁旅行带回来的披肩，大学时代用过的一个咖啡杯，家族传承下来的物品，或者是一位亲人送的礼物。这些物品承载着人们的过去，而当它们重新出现在人们的眼前时，又会唤起人们的回忆。

人们正在从米哈里·希斯赞特米哈伊（Mihaly Csikszentmihalyi）博士[①]所称的终极性物质主义（terminal materialism）转向工具性物质主义（instrumental materialism）。也就是说，人们购买商品不再只是为了自身或向他人炫耀，而是更多地将其作为与他人共鸣或产生自我感受的桥梁。有意义的物品并不是人际关系的替代品，而是加强人际关系的媒介。

强调生活舒适感

Hygge 代表的是丹麦的一种生活方式，最近在美国和英国逐渐流行起来。Hygge 的定义是“一种舒适和愉悦的氛围，它能够带来满足感和幸福感”。Hygge 代表一种舒适和温馨的感觉，用一个枕头、一块毛毯、一杯咖啡或热可可就能营造出来。Hygge 提醒了焦虑、紧张和疲惫的美国人要享受简单的乐趣。虽然一条法兰绒毯子、一支闪烁的蜡烛和一碗

① 心流之父、积极心理学大师希斯赞特米哈伊在《创造力》中，纵览卓越创造者的传奇人生揭开创新秘诀，为心理学带来革命性影响。该书中文简体字版已由湛庐引进，浙江人民出版社于 2015 年出版。——编者注

热腾腾的汤听起来很简单，但它们是人们追求舒适、美好生活的其中一部分，能够重新唤起人们对生活的热情。

专栏作家格蕾西·奥姆斯泰德（Gracy Olmstead）曾写过许多论述人们对归属感的渴望的文章。她认为，Hygge 所代表的是一种人们无法准确描述的渴望，也是回忆美好童年的一种方式。对于那些童年时期饱受困扰和虐待的人来说，Hygge 的生活态度甚至能让他们获得从未体验过的童年慰藉。

品牌增长必须知道的秘密
BRAND HACKS

- 幸福是一种整体的身心状态，包括内心的愉悦感、参与感、深层的满足感和意义感。
- 在追求幸福时，带给我们快乐的不是最终的目标，而是追求幸福的过程本身。
- 向消费者传递愉悦感，促成心流状态，提供深度满足感和意义感来为他们创造幸福感。
- 让消费者从日常生活的重担中抽离出来，带领他们进入另一个世界。
- 与消费者建立联系，融入当地社区，从而让消费者感觉没有那么孤独。

BRAND HACKS

HOW TO BUILD BRANDS BY FULFILLING THE CONSUMER QUEST FOR MEANING

第 2 章

策略2，善用“我”之文化

- 人们追求即时满足，不愿等待或延迟，希望立即体会到快乐。但是，人们愿意等待的时间越短，体验到的满足感和随之产生的愉悦感也就越少。
- 能够提供长期满足感的品牌会为它们的产品创造期待值，并为购买者创造美好的回忆。

一切围绕“我”来生发

人们生活在一切围绕“我”的环境中，出版商、搜索引擎和社交媒体平台似乎为人们特别挑选了专属的内容和产品。人人都有虚拟的个人助理。智能语音设备如谷歌的 Google Home、苹果的 Siri 和亚马逊的 Alexa 会响应人们提出的各种问题，迅速作答。音乐播放平台如苹果的 Apple Music、声田（Spotify）和潘多拉（Pandora）不仅知道人们现在听什么音乐，而且会预测人们下一首想听什么。实际上，它们是在告诉人们可能的喜好。

借助智能手机，品牌、内容和人们之间的互动瞬间发生。用大拇指触摸 6 英寸[①]的屏幕，可以立即上传视频，更新状态，“点赞”，发布、转发信息，回复粉丝。但是，一条“点赞”或短信引发的肾上腺素飙升会快速消失，这就促使人们再次发布内容或发送短信来填补空虚，以免长时间感到不满足。即时的快感并不能转化为持久的满足感。那么，在

① 6 英寸屏幕的大小，指屏幕对角线长 15.24 厘米。——编者注

人们与媒体、他人和品牌的互动中，除收到的点赞和被推荐的产品外，如何才能让人们感觉这些互动更加个性化和有益呢？首先需要理解以下几个问题。

为什么社交媒体具有那么大的吸引力

第一，人们喜欢谈论自己，而社交媒体正是一个完美的场所。面对面交流时人们无法提前思考要说什么，而在线交流让人们有充足的时间选择最适合展示自己的文字、图片、照片、视频和标题。心理学家称之为自我呈现（self-presentation）。为了增强自尊，人们喜欢浏览自己发布在网上的信息，这是因为在社交媒体上，人们看到的是积极的，甚至是理想化的自我形象，而不像照镜子那样，只会看到真实的自己。在数字媒介上互动也让人们有充足的时间来思考如何回复别人的评论。即使是相对即时的短信沟通，比起面对面的交流也要慢得多。想象一下，在回答问题之前盯着对方看五六秒，那会感觉像是过了很久很久！

第二，在线交流时，情感上也比面对面交流更疏远，因为人们不用借助面部表情和肢体语言进行沟通。人们越来越忙于浏览网上自己发的帖子，计划着写下一篇，忘记了如何与人交谈。我的心理医生坦言，他在治疗患者的工作中，有50%的时间都在帮助患者提升基本的面对面沟通技巧。许多年长的患者已经失去了面对面表达自己感受的能力，而年轻的患者甚至从未学过这些。

第三，人们在社交媒体上发布内容是为了与自己的粉丝有所互动，并在他们眼中塑造理想的形象。收到粉丝的点赞或评论能增强人们的自尊感。互相点赞，彼此的距离就会拉近。这样做是一种礼尚往来，也就是人们会感觉有义务回报别人，就像一开始别人对自己所做的一样。如果有人向你问好，你一般都会礼貌地回应。不理睬别人只会令人尴尬。

为什么人们总是渴望得到即时满足

多巴胺具有成瘾性，导致人们会无休止地翻看短信、电子邮件、点赞或评论。多巴胺是一种在大脑中产生的物质，对睡眠、情绪、注意力、动机和奖励等功能至关重要，它是 1958 年在瑞典国家心脏研究所（National Heart Institute of Sweden）被瑞典科学家阿尔维德 · 卡尔松（Arvid Carlsson）和尼尔斯－奥克 · 希拉普（Nils-Åke Hillarp）发现的。多巴胺促使人们追求、渴望并专注于快乐。它使人们对新想法感到好奇，并推动人们搜寻信息。有一点与流行观念相反，让人们体验到快乐的不是多巴胺，而是阿片系统①。换句话说，多巴胺驱动的是你的欲望，推动你采取行动（例如，在 Instagram 上浏览帖子）。相比之下，阿片系统驱动的是你的喜好，它让你感到满足，并让你停止寻找。多巴胺所属的情绪系统比阿片系统更强大，这导致人们更想要去追求新事物，而不是对已获得的东西感到满足。

社交媒体、互联网和短信之所以令人成瘾，部分原因是它们能立即满足人们寻求信息的欲望。领英（LinkedIn）告诉人们谁找到了新工作。Facebook 和 Instagram 告诉人们最好的朋友现在在哪里。一条短信就可能让人们今晚有个约会。

---

① 人类大脑中的阿片系统被称为“人类生理快感的加工厂”，它最主要的神经元是伏隔核，伏隔核分泌的是内啡肽，令人快乐、产生满足感。而情绪系统产生的多巴胺则让人冲动，是人类内在动机的核心。——编者注

打造令人痴迷的
品牌意义
BRAND HACKS

如何为消费者提供即时满足感

能否给消费者提供即时满足感，对营销人员来说可能是能否获得成功的关键。品牌可以通过在消费者最需要的时刻提供与之最相关的个性化内容，从而获得成功。

1. 可以采用聊天机器人等工具，立即回应最常见的消费者服务请求或处理订单。必胜客的顾客可以通过社交媒体轻松订购比萨，还可以提问、查看当前促销活动或再次订购自己喜欢的比萨。

2. 通过添加“立即购买”按钮、设置用户自动登录，将结账流程简化到只有一个步骤，最大程度地缩短在线顾客的购物时间。简化结账流程的方法能大大减少购物车弃置率，也就是在线商店的访客在完成购买前就离开的情况发生的概率。单页面结账比多步骤结账的成交率层高出近 22%。

3. 让顾客能够在线购买并在门店自取，这样他们可以选择不用等配送，而是立即到店里取货。顾客到达门店后，可以根据他们最近的在线订单再推销相关产品。

4. 让顾客在门店拍出 Instagram 风格的照片。顾客在购买产品后的那一刻是最兴奋的。搭配一个背景，设置适当的照明，然后让顾客自己拍照或者让店员为顾客拍照（餐厅服务员每天都会做很多次这样的事情）。鼓励顾客在社交媒体上发布他们的照片，这将为你的店铺带来免费的宣传。照片能够创造一种文字形式无法产生的情感连接，这将使你的品牌和店铺更具亲和力。

为什么自拍也能成瘾

自拍是指人们自己拍照并在社交媒体上发布的行为。该行为曾被认为是一种自恋、功能障碍，甚至是古怪的行为，但如今自拍已经不再被人贬低。印度马杜赖（Madurai）的蒂亚加拉贾尔管理学院（Thiagarajar School of Management）和英国诺丁汉特伦特大学（Nottingham Trent University）的学者们开发了一种名为“自拍行为量表”的工具，用于衡量人们自拍的积极程度并分析动机。他们使用这一工具划分出了三类用户。

1. **轻度自拍成瘾（borderline selfitis）**。每天最多自拍 3 次，但不在社交媒体上发布。他们自拍的动机是调节情绪和提高自信心，为了给自己带来积极的感觉。

2. **急性自拍成瘾（acute selfitis）**。每天自拍 3 ～ 5 次，每张自拍照片都会发布在社交媒体上。这些人试图模仿他人的行为以获得归属感。这也被称为从众效应（bandwagon effect），我们将在第 5 章中进一步讨论这一概念。

3. **重度自拍成瘾（chronic selfitis）**。每天自拍并至少发布 6 张照片。这类用户想提升社交地位，让人感觉自己很受欢迎，并展示自己的成就，比如“我曾在哪里、做到了什么事”。他们希望通过自拍来炫耀自己的成就，无论是在社交上（“我在迪拜参与马球赛”）、经济上（“我开着兰博基尼，不过没人知道只是租的”），还是身体上（“尽管整天都没吃东西，但我能穿上 S 码的裙子”）。

打造令人痴迷的
品牌意义
BRAND HACKS

品牌如何利用人们对自拍的热爱

用户将品牌融入自拍可以让品牌显得更加人性化，因为自拍照片往往更加个性化，具有私密性，并受情感驱动。以下是让用户将品牌融入自拍的 3 种方式。

1. 每天有超过 1.7 亿人使用色拉布平台的 AR 功能。色拉布平台的“滤镜创意合作伙伴”（Lens Creative Partners）项目旨在帮助广告商与能够设计和创建品牌滤镜的创作者建立联系。AR 滤镜可以改变用户的面部形象，创造出与品牌有趣的、沉浸式的互动体验。用户会感到自己与品牌有了个人连接，而品牌则成为用户故事的一部分。

2. 组织一场比赛，鼓励人们带着你的产品自拍。还可以创建一个支持宣传活动的标签，用于跟踪活动的宣传效果。

3. 支持一项事业，并请人们自拍来共同支持该行动。例如，美妆公司 Tarte Cosmetics 与反欺凌在线组织 Bystander Revolution 合作，帮助制止网络暴力。请注意选择与你的品牌使命相符的事业活动，否则可能会被大众抵制。在第 6 章中，我们将进一步探讨这个问题。

为什么人们爱用表情包

表情包是代表某种想法的表意符号，与代表实际事物的象形符号相对。当人们以“含泪大笑”的表情包回复一则笑话帖子时，并不是真的在含泪大笑。这个表情包以讽刺的方式展示出了幽默感。表情包让人们可以表达自己的身份和个性，它还可用于评估一个人的个性，并与外向、随和或情绪稳定等特质相关联。表情包的含义及其传递的积极或消极情感的程度因人而异，这取决于沟通的具体背景和语境。这是符号互动论的一种应用，我在引言中对这种社会学方法有过描述。当我们在与他人交换表情包时，双方共同构建和分享了笑话及笑话背后所代表的含义。

高增长品牌

意义驱动的

塔可贝尔利用表情包创造个性化互动

塔可贝尔（Taco Bell）是品牌利用表情包融入人们沟通场景的一个典型案例。当这家快餐连锁店品牌意识到市面上没有塔可[①]表情包时，他们发起了一项希望设计塔可表情包的请愿活动，最终这项请愿活动收到了超过 33 000 个签名。

在设计出塔可表情包后，该公司又推出了“塔可表情包引擎”，鼓励粉丝在塔可贝尔的社交媒体页面发表评论以获得独特的回应。塔可贝尔的社交媒体页面在活动开始后的 5 天内，收到了超过 50 万条的评论。凭借塔可表情包，塔可贝尔至少做对了 3 件事情。

1. 要第一个行动起来。在许多其他领域，率先行动并不一定会带来回报，但在社交媒体上做第一肯定有回报。

2. 通过无关品牌的活动传达和强化品牌个性。

3. 在社交媒体上与消费者实时互动。

---

① taco，墨西哥玉米薄饼卷。——编者注

“我希望它能理解我”

同理心是指要设身处地地去理解他人的想法和感受，而非从我们自己的角度看问题。它不能与同情心混淆，同情心是我们与他人的处境产生共鸣的一种过程。同理心是建立人际密切联系和亲密关系的基础。没有同理心，人际关系就会流于表面，只建立在利益上。同理心有两种类型。

1. **认知同理心（cognitive empathy）** 也称共情准确性（empathic accuracy），是识别和理解他人情绪状态的能力。
2. **情感同理心（emotional empathy）** 是与他人产生相同情感的能力。神经科学家已经确定了产生同理心的生物成分。当我们观察或体验他人的情感时，我们的镜像神经元[①]就会被激活。

亲密关系是与同理心密不可分的概念。在亲密关系中，两人放下防备，允许对方看到自己的真实面貌，同时创造出一种安全感，彼此相交。对我们大多数人来说，投入亲密关系需要勇气和意志力，因为这会展示我们更希望对他人隐藏的那一面。

尽管与他人建立亲密关系可能很困难，但用科技手段倾诉秘密却很

① 人脑中的一种神经细胞，其功能是反映他人的行为，使自身从简单的模仿到复杂的模仿，直到发展语言、音乐、艺术，学会使用工具等。——编者注

容易。谷歌可能比我们最亲密的家人和朋友更了解我们，因为我们可以向搜索引擎提任何问题，而不会感到尴尬或害怕被人评判。有时，人们也会向品牌透露秘密。例如，时尚类电商平台 Stitch Fix、共享服装平台莱尔托特（Le Tote）或其他个人造型服务公司会基于用户的搜索，知道用户正在努力隐藏怀孕的早期迹象。

宠物用品零售商 Petco 的广告片《副驾》

多年来，人们已经习惯了 Petco 没有任何情感色彩的功能性标语，比如“宠物们去的地方”和“健康宠物去的地方”，使用这样的标语目的是带动实体店的客流。虽然这些标语很容易记住，但没有独特性，也不够有趣。我经常在我的狗“太妃糖”身上测试这些营销材料，它最常见的反应是回去睡觉，而不是去商店。

之后，Petco 有了新标语“团结的力量”（the Power of Together）及广告片《副驾》（*Copilots*），它们充分展示了同理心在品牌营销中的应用。广告中有可爱的小猫、小狗、老鼠、鬣蜥及其他动物，它们都是基于 Petco 内部客户关系管理（Customer Relationship Management，CRM）系统数据选出的，此外，广告片看起来就像家庭录像一样，给人一种真实和亲密的感觉。这则广告最大的优势在于强调了主人和宠物之间深深的情感连接。

广告片的画面中首先出现了一个坐在轮椅上的男人，他的狗在前面拉着轮椅。接着，出现了一个穿军装的男人和一个正在刷牙的小女孩，而女孩的鹦鹉在旁边模仿她的动作。

广告的旁白说：“这是只有经历过的人才能理解的一种化

学反应……在这种奇妙的合作中，我们找到了伙伴、共同生活的伴侣和我们的副驾。”当这些关键词在屏幕上闪现时，字母C和O用的是与Petco品牌相同的字体和颜色，将这则广告与品牌联系在一起。

在强调了连接和共存的概念后，广告片以Petco“支持这种连接”（nurturing that connection）的核心承诺作为结尾。这则广告因其3个最显著的特点而大获全胜。

1. 对人们来说，与宠物的关系是有意义的，而Petco理解这一点。许多品牌关注消费者的行为，但Petco深知消费者的感受。

2. Petco用准确的言辞表达了许多人可能难以表达的情感。我们将在第7章关于讲故事的内容中深入探讨这个问题。

3. Petco使有意义的连接成为可能。它将自己定位为消费者寻求的解决方案。

打造令人痴迷的品牌意义
BRAND HACKS

如何使你的品牌形象富有同理心

品牌要显得有同理心，必须在消费者意识到自己的感受之前，就了解他们的感受和他们想要有的感受。然后，讲述一个能展现出对消费者的尊重和同理心的故事，并提供解决方案。

正如在引言中讨论的那样，大数据、预测分析和复杂的算法并不能告诉你消费者的感受和对他们来说有深刻意义的事物是什么。因此，请暂时放下幻灯片报告和花哨的缩写词，抑制自己关注上次市场调查结果或购物车数据分析的冲动，而是要多花点时间与消费者在一起。这里所说的花时间并不仅仅意味着做一次常规的 90 分钟深度访谈或与广告公司开月度工作会议。与消费者在一起意味着触及他们的日常生活，进入他们工作、购物或娱乐的地方。站在焦点小组访谈室的单向镜子后面，只能算是在观察人们的行为，而不是花时间与人们在一起。

宝洁公司前 CEO 雷富礼（A. G. Lafley）因为每年会花 20 天时间待在消费者的浴室或厨房里而闻名。萨姆·法伯（Sam Farber）看到他患有关节炎的妻子在厨房使用厨具时遇到的困难，创办了厨房用品和小工具品牌奥秀（OXO）。绝对伏特加（Absolut Vodka）及其研究机构走进无数酒吧和家庭，观察和倾听人们有关酒的故事，以及酒在故事中令人难忘的作用。后来，绝对伏特加也成了人们故事的一部分。

人们通常不知道自己需要什么，或者无法准确表达出来。在焦点小组调查和市场调查中，消费者的回答在一定程度上会受到问题的限制和周围环境的影响。如果你从未参加过焦点小组，请在网上搜索焦点小组设施的图片，自行判断一下那些房间是否适合讨论厨具或鸡尾酒会。如果 Petco、宝洁公司、奥秀和绝对伏特加等众多品牌没有进行实地调查的民族志研究，就无法取得成功。现在你也应该这样做。

民族志研究本身是一个专业领域，我无法仅用几段文字进行全面的介绍。你可以从以下指南开始，进一步阅读相关资料，或者在预算允许的情况下与市场研究机构合作。

- 在所有的研究项目中，要对参与者诚实、公开地说明研究目的。你是研究者，不是间谍。
- 列出你想了解的内容，并准备一些提示，比如开放性问题，以引导参与者发表观点。
- 尽可能地记笔记、拍照或录制视频。这些材料在后续的分析和内部讨论中将会非常有价值。
- 与参与者进行交流。不要只是在厨房里站在他们旁边拿着写字夹板记录，而要询问他们的想法，比如他们是如何计划和准备饭菜的。
- 编制一份报告，整理出访谈中一些反复出现的主题，并深入挖掘其中的有趣之处。
- 全程保持开放的心态。尽管你对自己的品牌了解得比任何消费者都多，但你的目的是观察、提出深入的问题并报告答案，而不是自己讲故事。有时，你可能不喜欢参与者的回答，也请耐心对待。

“我希望它为我量身定制”

品牌的市场影响力更多地取决于与消费者的亲密度，而不是权威性。人们对所谓网红的信任度正在逐年下降。人们期望品牌能够准确地知道适合他们的东西是什么，并在他们想要这些东西的时候提供出来。好消息是，与消费者拥有更多的触点（touch points）[①] 和数字化互动，意

① 商业概念中的触点指消费者间接接触到品牌及产品的地方，可以理解为一种交互点。——编者注

味着品牌有更多机会为消费者定制信息和产品。

例如，订阅服务的成功在很大程度上归功于其个性化的功能。新的订阅者填写用户资料，就会收到根据他们的口味精心挑选的产品。美妆产品订阅电商平台 Birchbox 为人们提供个性化的美容、护理和生活方式相关产品的样品。半成品生鲜配送商 HelloFresh 根据会员的烹饪偏好和“个人口味收藏”为他们创造食谱。

订阅这些服务的用户定期提供反馈，使供应商的算法能够随着时间的推移不断改进推荐内容，从而为用户提供更具个性化的服务。

在定制过程中，消费者通过参与开发过程与品牌共同创造价值。消费者对定制产品的兴趣主要由两个心理过程驱动。

1. **幻想。**让消费者选择产品的特点、字体、颜色和形状，可以使他们投射自我，想象拥有这件产品会是什么感觉。与虚拟物体的在线互动所产生的心理图像比文本和静态照片更生动。让消费者定制产品最终会带来更高的转化率，并增加消费者与品牌的互动。

2. **禀赋效应。**定制一件物品可以让人们拥有掌控感和表达自己。因此，一旦人们开始拥有一件物品，就会对它产生更多情感上的依恋。人们也会因为拥有这件商品而赋予它更多的价值，这种现象被称为禀赋效应（endowment effect）。定制化服务给消费者带来的积极情绪与禀赋效应相结合，使产品的价值成倍增加。

打造令人痴迷的
品牌意义
BRAND HACKS

如何创造个性化的消费者体验

创造个性化的消费者体验的关键在于积累并用好消费者的数据。

跟踪与消费者的所有互动：下单、复购、心愿清单、网站访问量。如果你的业务允许，你还要跟踪那些访问了店铺却没有下单的消费者的数据。

然后，通过新近的数据（消费者最后一次购买你的产品的时间）、购买频次（消费者购买的频率）、总消费额、购物车中产品的平均金额、产品类别或你在数据中发现的任何其他行为模式，来对消费者进行分组。

请注意，分析消费者过去的购买行为是预测和创造他们未来购买欲望的好方法。当人们购买新产品时，当下会感到兴奋。几周甚至仅在几天内，兴奋感会逐渐消退，因为这件新产品变成了人们日常生活的一部分。人们会逐渐适应，然后回到与拥有它之前相同的幸福水平，甚至更低。因此，人们会购买更多东西，试图再次体验到首次购买一件产品带来的积极感受。这种现象被称为享乐衰退（hedonic decline）。

通过密切关注消费者最近购买的产品，你能够向他们销售配套产品，例如与连衣裙搭配的腰带、笔记本电脑的扩展坞，或者推荐消费者将已购产品升级到更好的版本。

优步为消费者创造的掌控感

“任何一位顾客，只要他的车是黑色的，都可以把它改成任何他想要的颜色。”福特汽车公司创始人亨利·福特于 1909 年针对 T 型车如此说道。由品牌对消费者进行购物指导的时代早已过去。如今，消费者希望能够掌控自己的体验。优步（Uber）是最明白这一点的品牌之一。优步并没有发明新的交通方式，出租车早已存在，私人租车服务和公共交通也是如此。优步也没有解决交通拥堵、全球变暖、车祸或其他与道路驾驶有关的问题。优步确保的是交通方式的可预测性、确定性和可控性。

过去，在搭乘黄色出租车之前，你需要先找到一辆出租车。如果你在核心城区以外，可能一辆出租车都找不到。如果你在机场，可能需要排队等候。如果你在曼哈顿，将与其他乘客竞争，他们会试图抢先于你叫车；这种抢先行为是指沿街走上去拦下原本会接其他乘客的出租车。

优步为你解决了这些难题。在你的手机屏幕上，你可以看到附近有很多可用的车辆。当然，你最终只会乘坐其中一辆，而且你不能选择具体是哪辆车，但你知道你有选择的余地，这是可预测的，令人放心。

接下来，当优步正在为你联系附近的司机时，你手机屏幕上的虚拟地图会在三维空间中旋转。地图上显示了你与车辆之间连接的动画，颇有未来感。它看起来像是《007》系列电影中詹姆斯·邦德的心电图，表示你充满活力，并与世界相连。

然后，优步告诉你需要等待多长时间。你叫的车可能并不比一辆黄色出租车来得早，但你确切知道它什么时候会来接你。优步的应用程序甚至显示最终目的地的预计到达时间。这只是一种估算，因为优步也并不清楚 3 000 米外是否会发生事故。当然，你也知道要支付多少费用。一切都在你的掌控之中。在某一刻，你甚至会感觉自己是这一切的幕后策划者。

等待，生发渴望、兴奋和回忆

排队等待通常会有些痛苦。人们为此投入时间和精力通常是想要获得一些独特体验。这也是人们愿意在新款 iPhone 发布时在苹果商店外面露营，或者为了买到新款特斯拉而等待两年以上的原因。但是，必须等待才能买到的新手机或新车是特例。人们可以选择的大多数产品似乎是无限量供应，可以在隔天或当天送到人们手中。缺乏期待感会影响人们将消费体验浪漫化的能力。不必等待几周甚至几个月就能获得产品，这会破坏期待带来的满足感。

由于高速互联网的普及，人们可以迅速与一切事物保持联系。当习惯了能立即获知任何人事物后，如果不得不等待，即便等待时间很短暂，也会让人难以忍受。想想那令人紧张不安的“对方正在输入”的提示词吧。当有人正在输入信息时，你的手机上会出现带有 3 个点的气泡框。这 3 个点既是希望的源泉，也是令人失望的残酷现实。在《现代罗曼史》（*Modern Romance*）一书中，该书的合著者、喜剧演员阿齐兹·安萨里（Aziz Ansari）描述了他给一个潜在约会对象发短信后等待她回复的经历。这本书之所以成为《纽约时报》的畅销书，很可能是因为许多人产生了共鸣。关于他给这位约会对象塔尼娅发短信后的情况，他这样写道：“几分钟过去了，短信状态变成了‘已读’。我的心跳都快停下了。

这是关键时刻。我做好了准备，看着 iPhone 上那些小圆点出现。它们诱人地告诉我对方正在输入回复信息，这就像在过山车上缓慢爬升一样。但是，几秒钟后，那些小圆点消失了。塔尼娅没有回复。”

打造令人痴迷的品牌意义
BRAND HACKS

如何打造超预期的体验和不可磨灭的回忆

研究表明，人们从购物中获得的幸福感有一半是建立在自己的期待和回忆之上的。品牌可以将消费者体验安排为购物前、购物中和购物后 3 个部分。对消费者来说，购物前的期待、购物后的回忆与购物行为本身一样重要。

购物前

1. 建立期待。期待感是一种积极的情绪，因为它让人们期盼即将发生的好事。当人们有期待时，会做计划，会幻想产品，并与他人分享兴奋感。

实际上，人们在做某件事之前就会十分兴奋。游乐园深谙此道。当人们乘坐过山车时，车厢发出的咔嗒咔嗒声会让人们焦虑，并期待即将发生的事情。从工程学角度来看，这种声音本不应该存在。人们都熟悉过山车爬坡时链条和齿轮发出的刺耳的声音。当到达山顶时，车厢的移动速度和它发出的声音开始减慢，使人们更加担忧。工程师可以轻而易举地用很低的成本消除这种噪声，但主题游乐园的运营商要依靠它来给游客制造期待感。毕竟，过山车的乘坐时间只有 1 分半到 2 分钟。每一秒都至关重要，能为游客创造一生难忘的回忆。

2. 制造悬念。好莱坞最擅长此道。在电影上映前一年，发布一分钟的预告片，展示电影画风和主旨。6 个月后，发布 2 分钟的预告片。在电影上映前几周，发布一个酷炫的、动作场面丰富的最终预告片来揭示剧情的要点，让人渴望去看电影、了解故事的结局。

购物中

1. 提供互动和沉浸式体验。如果你的顾客走到实体商店里，那就是为了体验他们在家或在网上无法做到的事情。疫情促使各个年龄段的消费者开始在网上购买他们过去会在实体店购买的商品。全球市场研究和民意调查专业公司益普索（Ipsos）的研究显示，大多数消费者永远都不想再回到线下实体店购物了。因此，坦率地说，消费者的店内体验成为实体零售店唯一的卖点。

2. 利用地理位置信息和信号台实施个性化服务。信号台是一种小型设备，当有手机进入信号台附近范围时，它会向这些手机发送蓝牙信号。零售商可以利用信号台向进入商店的顾客推送个性化通知。例如，可以向前来店内取在线订单商品的顾客发送特别问候或推荐配套商品。

3. 安装互动显示屏。定制互动显示屏上的内容，提供给顾客关于使用产品及产品搭配的建议，这样有助于提高配套产品的销售量。

4. 将艺术元素融入商店等经营场所。简言之，通过融合视觉艺术、音乐和产品本身，可以创造独特的互动体验。我们将在第 10 章中展开讨论。

购物后

加强正面的记忆，改写负面的联想。记忆不是一次记录成型的，人们每次记起往事，都会有新的内容被记录下来。就像计算机硬盘一样，旧的记忆可以被改写，在某些情况下还可以被删除。随着时间的推移，记忆再次在人们的大脑中固化，这个过程被称为重新整合（reconsolidation）。在消费者有了购物体验之后，品牌要帮助他们通过积极的联想进行回顾，让他们用积极的叙述改写大脑中的负面经验。

品牌增长必须知道的秘密
BRAND HACKS

- 人们在社交媒体上发布内容来打造积极的、理想化的自我形象。通过发布的内容，我们向他人展示自己心目中的理想形象。
- 人们对多巴胺上瘾，多巴胺是一种使人们渴望和追寻快乐的物质。
- 人们通过自拍来增强自信心，进入某个群体，展示社交地位。
- 同理心意味着从他人的角度而非我们自己的角度去理解他人的想法和感受。
- 品牌的市场影响力更多地取决于与消费者的亲密度，而不是权威性。
- 如果人们可以立即得到想要的一切，这会破坏期待带来的满足感。

BRAND HACKS

HOW TO BUILD BRANDS
BY FULFILLING THE
CONSUMER QUEST FOR MEANING

第 3 章

策略 3，不完美恰是完美

- 人们对潮流广告中所塑造的完美形象变得漠不关心，甚至感到沮丧，因为那种完美既不真实也是可望而不可即的。
- 有缺陷的品牌和产品能传递出真实性和亲近感。

大多数广告推广都是无效的，因为人们发现它们其实并不真实。英国出版商三一镜报集团（Trinity Mirror，现在名为 Reach plc）在 2017 年委托全球市场研究机构益普索进行了一项研究。结果显示，在英国，70% 的消费者不信任广告，42% 的消费者不信任品牌。他们认为广告和品牌是“既成体制的一部分，遥不可及、抽象且自私自利”。这一观点似乎在不同人口统计特征的人群中都有不少支持者，尤其是千禧一代和妈妈们。

传播战略咨询公司麦卡锡集团（McCarthy Group）曾对千禧一代做过调研，让他们按 1 ～ 5 分的标准给广告的可信度打分，结果仅为 2.2 分。在妈妈群体中，全球市场情报机构英敏特（Mintel）的研究证实，只有不到一半的妈妈认为自己和广告中描绘的妈妈相似。

在一个充斥着虚假的图片、广告，甚至是虚假人群的时代中，人们渴望真实的体验、真实的榜样和真实的关系。在本章中，你将了解到什么能让我们自己、他人、品牌和广告传递出真实感。你还将知道人们在食物和烹饪方面是如何追求真实性的。

停止伪装，缺陷能传递亲近感

做真实的自己意味着你要意识到自己的本性并表达出来。想做到这一点，你就必须不受到外部社会压力的影响，因为这些压力会影响我们的思考方式和行为模式。当我们能够根据自身条件和预期真实地思考、行动和生活时，便会找到意义所在。当我们对自己诚实时，会拥有更清晰的人生方向，在职业选择上也更果断。密苏里大学学者们的研究发现，当我们活得越真实，与他人的关系就会变得越好，社交互动也更有意义。

消费者会购买符合自身形象的产品，并且希望品牌产品能够帮他们展现自我或者展示出他们内心渴望成为的样子。正如在品牌产品上做的其他判断一样，消费者能在极短的时间内判断出哪些产品符合真实的自己，哪些会展现出虚假的形象。营销人员必须从产品特性、优点和目标受众等常见主题中抽离出来，思考品牌该如何帮助消费者获得更清晰的自我认知。下面整理了一些与消费者和营销人员相关的“真实性”主题。

真实的公众人物

正如市场营销和明星效应专家吉坦德·赛德夫（Jeetendr Sehdev）在《金·卡戴珊原则》（*The Kim Kardashian Principle*）中所指出的，一方面，消费者已厌倦了完美的形象，对此丧失了兴趣；另一方面，他认为缺陷反而会令人陶醉，它是引人注目的、具有革命性的。金·卡戴珊是当今最迷人的公众人物之一，而她的声誉则是建立在对完美假象的挑战之上的——一盘“泄露”的性爱录像带，她的“后天”丰臀，更不用说她的父亲曾是美国前橄榄球明星辛普森的律师了。完美的概念已经过时了，没有人再相信明星及其代言的产品是完美的。正如赛德夫所说，人们患上了完美疲劳症。人们知道这些迷人明星的真实形象并不如他们在舞台上看起来那么完美，但人们还是希望他们别再假装完美了。

> 要让人们真正喜欢你本人，而不是别人为你编写的角色。这是一种技能。
>
> ——金·卡戴珊

尽管美容美发技术和图像处理软件 Photoshop 在美容、遮瑕方面仍然发挥着巨大的作用，但如今公众人物会因为主动展现缺点而受到人们的赞赏，人们认为正是这种不完美使这些公众人物看上去更具人性、更有亲和力。在奈飞的纪录片《嘎嘎：五尺二寸》（*Gaga: Five Foot Two*）中，女歌手 Lady Gaga 带领观众走进她的日常生活，看看她是如何准备 2017 年“超级碗”中场秀和制作新专辑 *Joanne* 的。在片中，观众可以看到一个强大、魅力四射和充满干劲的艺术家形象，Lady Gaga 在 1.12 亿名“超级碗”观众面前毫不费力地表演。但在一些日常场景中，人们会看到素颜、头发脏乱的她，有时她会敞开心扉谈论自己的疑惑、恐惧和焦虑。在纪录片中，Lady Gaga 抽泣道：“从整天有人簇拥着我的状态到完全的寂静，所有人都会离开，而我终将孤独一人。”

真实、自然、原创的产品

产品越是高科技和工程化，人们就越会感到不真实。别误会，人们确实喜欢智能手机、无线网络、机顶盒和智能音箱，它们或多或少地塑造了人们的行为模式，只是它们不够真实。在真实性方面，人们有时渴望那些手工制作的奇特产品，尽管它们是低科技的、精巧却不完美的。

高增长品牌
意义驱动的

宜家家居用真实、独特的产品打动顾客

设计思维与营销公司 Skewed Productions 的创始人、宜家家居前设计总监马库斯·恩格曼（Marcus Engman）告诉我，一位真正优秀的设计师可以在人与物之间建立起真实的情感连接。但是对于每年销售数百万件家居用品的宜家而言，要做到这一点非常艰巨。顾客理所当然会认为自己买的东西和其他人买的是一样的。于是，恩格曼和他的团队一起探索了大规模生产独特产品的方法。基于与生产商的合作，恩格曼找到了一种方法，那就是通过微调使每件产品都看起来略有不同。以花瓶为例，乍一看，陈列架上数十个花瓶看起来非常相似，但如果仔细观察，就会发现每个花瓶的花纹、凸起处或其他设计特征与其周围的花瓶都有不同。这种微调的方法使每个花瓶的设计都变得独特了，有助于在每个花瓶和购买它们的买主之间建立更强的情感纽带，而买主也更愿意长时间留存这样的物品。这一举措实现了宜家减少浪费的使命，也鼓励顾客采取更加可持续的消费行为。不过，有一点需要澄清，那就是宜家并没有试图让顾客误以为他家的花瓶是手工制作的，当然，顾客一般也不会这样认为。但是，单凭一个简单的凸起处或花纹，宜家就为自己的产品增添了一丝真实感和独特性。

我们认为，源自大地且未经合成物（如化肥和农药）改变性质的产品才是真实的。除了我们将在本章中进一步讨论的天然食品，其他具

有自然的真实性的产品例子还包括个人护理品牌小蜜蜂（Burt’s Bees）、茶叶品牌喜乐茶（Celestial Seasonings）和化妆品品牌岚舒（Lush）。

我认为，原创设计且是首创的产品最具有真实性，它们与跟风的产品或仿制品形成了鲜明的对比。例如，Levi’s 501 系列牛仔裤是 1873 年美国西部掘金工人所穿的原创设计的牛仔裤。起初，这一系列的牛仔裤是功能性产品，以其耐磨的牛仔布料和铆钉加固的结构而闻名，后来这款裤子成了人人渴望拥有的标志性产品。

真实的服务与体验

员工所体现的真实性不仅是要遵循员工手册和操作指南，而且是要能超越这些规范，真正关心顾客。我曾经入住过亚利桑那州斯科茨代尔（Scottsdale）的威斯汀酒店。在房间里，我发现了一瓶葡萄酒和餐厅经理手写的一张便条，她告诉我她很喜欢我们之前的交谈。对酒店来说，这样做的成本几乎为零，我也没开那瓶酒。这种对顾客真正的关注才是最重要的。

在英国，享用下午茶，品尝抹有凝脂奶油和果酱的司康饼，是一种真实的体验。在美国，坐在篝火旁吃棉花糖夹心饼干也是一种真实的体验。真实的体验源自历史和文化，它们会唤起人们共同的记忆和渴望。

真实的用户评价

用户写的评价和上传的图片比所谓的专家建议更有价值。在推广帖子、带货 KOL（Key Opinion Leader，关键意见领袖）盛行的时代，消费者渴望有像自己一样的人来做真实的分享，他们很容易区分哪些是品牌生成的内容，哪些是用户创建的内容。如果消费者发现你的品牌试图做虚假宣传，他们就会取消关注。

以酒店业为例，顾客在猫途鹰（Tripadvisor）上发布的图片可能没有专业摄影师拍摄的照片光鲜亮丽，但这些图片向其他潜在顾客展示了酒店的真实情况。而且，点评网站 Yelp、谷歌和猫途鹰等平台也在防止虚假评论泛滥，因为这些评论背离了平台方的初衷。不管怎么说，酒店或餐厅页面下面的几百条评价能够很好地概括顾客的体验感受，它们比发表在一本杂志上的记者所写的文章更真实，因为后者的言论往往会受到公关赠品或公关稿的影响。

高增长品牌
意义驱动的

不再修图的内衣品牌鹰巢

美国服装品牌美鹰傲飞（American Eagle）旗下的内衣品牌鹰巢（Aerie）自 2014 年就不再对模特照片进行修图了，将品牌定位转为适合每个普通女孩的方向。自从放弃修图以来，鹰巢的销售额持续飙升，2019 年惊人地增长了 26%，2020 年更是增长了 34%。美鹰傲飞还通过鹰巢系列推广女性赋权，邀请奥运体操冠军阿利 · 雷斯曼（Aly Raisman）、创作歌手蕾切尔 · 普拉滕（Rachel Platten）和女演员兼活动家亚拉 · 沙希迪（Yara Shahidi）成为品牌代言人。除了担当代言模特，她们还在美鹰傲飞线下门店做励志演讲，协助品牌方设计独家产品。

而竞争对手维多利亚的秘密（Victoria’s Secret）的性感

广告则越来越难以服众。维秘天使内衣系列及其代言模特显得越来越虚假，该品牌也遭受了顾客的炮轰，因为顾客们认为这种淫秽广告的受众是男性而非女性。维多利亚的秘密自 2016 年以来的销售额每年都在下降，2020 年第三季度，公司营收更是同比下降了 34.2%。

到目前为止，我们讨论的都是真正的真实性例子。不过有时候，人们会寻求一种感觉上是真实的，但事实上是虚假的真实性。是不是有点搞糊涂了？请想想看，我们的世界其实充满了刻意营造出来的感官体验。但作为消费者，我们会从自己的角度去判断哪些是真实的，哪些是不真实的。

例如，拉斯维加斯就是一个充满虚假的“真实体验”的城市。那里的埃菲尔铁塔是真的吗？那里的纽约酒店有一座自由女神像，也是真的吗？就像 2009 年的电影《宿醉》（*The Hangover*）中艾伦提出的那个疑问：“这不是真正的恺撒宫，对吧？……恺撒大帝真的住过这里吗？”不，当然不是，肯定不是。拉斯维加斯确实有许多不真实的地方。拉斯维加斯大道上有一系列仿真建筑，它们夸张地再现了其他地方真实存在的事物，有时甚至看上去十分荒唐，但它们也构成了这种拉斯维加斯式的刻意摆弄出来的调性。

路易威登、10 Speed Coffee 和霍利斯特对真实的坚持

路易威登是真实性的代表。路易·威登先生于 1854 年创立了该同名品牌，他发明了方便人们在旅行时折叠的平顶旅行

箱。尽管路易威登的产品后来扩展到了各种皮具和时尚品类，但它一直忠于自己的起源：一家箱包制造商。

位于加利福尼亚州卡拉巴萨斯（Calabasas）的咖啡店 10 Speed Coffee 也是具有真实性的代表。这家店每次只做小批次的咖啡豆烘焙，在整个过程中非常注重细节。当你走进店里，就能看到烘焙机，闻到咖啡的香气。10 Speed Coffee 相信小批次的烘焙更加个性化，因为烘焙师不仅知道咖啡豆的来源，每次还仅烘焙 5 千克的豆子，也会亲手包装好咖啡豆，然后在每个袋子上写上咖啡豆的名字、烘焙日期和咖啡豆的产地。

小批次烘焙不适合进行大规模生产，因此咖啡豆的价格就会相应地更贵一些。但是，消费者可以自行选择。比如，他们不必从当地的小批次咖啡豆烘焙商那里购买所有日常饮用的咖啡，而只在吃星期日早午餐时享用一两袋手冲咖啡，一周的其余时间里则选择如西雅图百斯特咖啡（Seattle's Best）或开市客（Costco）的柯克兰（Kirkland）咖啡。请别误会，我并没有贬低后面这些咖啡品牌的质量，比如开市客的柯克兰精选系列（Kirkland Signature）经常在咖啡盲测中胜过头部品牌。

关于时装品牌霍利斯特（Hollister）的成立时间，官方说法是 1922 年。虽然这个品牌喜欢用老式字体，包装粗糙，宣传照的色调常常是棕褐色或黑白，但这些方面并不足以说明其成立时间的真实性，特别是在如今这个时代，每个人都可以在几秒钟内将一张普通的照片变成艺术作品。有趣的是，霍利斯特的员工曾被灌输过这样一个说法，说是创始人约翰 · 霍利斯特（John M. Hollister）出生于 19 世纪末，小时候的他夏天经常在缅因州清澈冰凉的水中游泳，最终他定居在加利福尼亚州拉古纳海滩（Laguna Beach），开了一家商店专门销售来自南太平洋的商品。他的儿子小约翰·霍利斯特是一名出色的冲浪手，后来接管了这家店，开始销售冲浪装备和服装。这家冲浪店迅速获得了全球市场的认可。公司在市场营销宣传中配有带滤镜效果的棕褐色照片，照片上都是一些在海滩上手持冲浪板的帅哥和美女。

但上面提到的这一切都是虚构的。霍利斯特实际上是由母公司阿贝克隆比 & 费奇（Abercrombie & Fitch）于 2000 年创立的。最近，它才将宣传重点转向南加利福尼亚州风潮的男女服装，而这个说法就可信多了。

打造令人痴迷的
品牌意义
BRAND HACKS

如何让你的品牌展现出真实性

首先，思考一下消费者对于相关产品品类最关注的价值是什么。其次，确定你的品牌能否体现这些价值。要记住，千万不要去呈现“虚假的真实性”。但是，仅靠真实性吸引消费者，这种做法并不适用于所有品牌。为了展现真实性，你的品牌必须具备以下特点。

- **独创性。**李维斯独创了牛仔裤。亨氏食品（Heinz）独创了番茄酱。WD-40 独创了润滑剂。
- **诚实。**美国西南航空（Southwest Airlines）以没有隐性消费或额外费用的“透明性”而自豪。帕尼拉面包（Panera Bread）不再使用人造成分，并且在菜单上列出每款食品的热量和营养信息。

- **可信。**吉米约翰（Jimmy John's）承诺"极快"配送三明治。沃比帕克（Warby Parker）让消费者可以在家里 5 天试戴 5 副眼镜。政府雇员保险公司（GEICO）告诉消费者，花 15 分钟就可以节省 15% 的汽车保险费。所有这些宣传都野心勃勃，但也是可信的。

最后，分享有关顾客使用你的品牌产品的故事。假设你是一名礼服设计师，不要只是展示一些人们在婚礼上的穿着的宣传图，而是要根据顾客的婚礼创作一些宣传内容，并将这些内容用于电子邮件营销。因为比起用一张跟谁都不太像的模特照片，潜在顾客可能更容易与这类分享的真实故事产生共鸣。同样，在广告拍摄中要捕捉人们真实、自然的瞬间，而不是过度摆拍，营造不真实的情境。请记住这句古老但在今天仍然适用的名言：人们都喜欢和自己相似的人。

然而，在广告中表现真实性可能会陷入一个陷阱。广告的目的是销售产品，目标受众也知道这一点。通过真实的广告提示品牌的价值观和道德观，产品就会被人们认为是真实可信的。但是，如果你试图迎合所有有关真实性和政治正确的标准，人们就会认为你是个骗子。以下有两个例子，一个真实的和一个虚假的。

美肤品牌多芬（Dove）的"自信养成计划"（Dove Self-Esteem Project）

旨在使美丽成为女性的自信源泉，而不是焦虑的来源。在名为《真美素描》（*Real Beauty Sketches*）的广告片中，一位素描艺术家根据女性对自己的描述，在不看见她们本人的情况下为她们绘制画像。然后，素描艺术家根据陌生人对同一位女性的描述再次一一绘画。将同一位女性的两幅画像并列在一起比较，会发现根据陌生人描述画出来的女性肖像比按照她们自己描述画出来的肖像更加迷人。

广告片中总结道："你比你想象得更美丽。"多芬的这则广告片及多芬的产品，让人们意识到自己有多美丽，并暗示了它的美容产品会让人们变得更加美丽。

相比之下，百事可乐那则名为《为活在当下颂歌》（*Live for Now Moments Anthem*）的广告片被视为广告史上最没有共鸣、最不真实的广告之一。该广告旨在通过鼓励人们参与对话，思考关于平等、人权、宽容以及当今社会上任何能形成对话的事情，让人们要团结起来。在广告片中，模特、真人秀明星金·卡戴珊的妹妹肯德尔·詹娜（Kendall Jenner）在离开一场拍摄活动后，加入了与"黑人的命也是命"（Black Lives Matter）相关的抗议活动。詹娜走到警察面前，手中拿着一罐百事可乐，平息了骚乱。

任何一个理智的人都不能理解詹娜是如何凭借手中的百事可乐来平息骚乱的，也看不出这样做怎么就体现了和平与解决冲突的价值观。詹娜在卡拉巴萨斯长大，离我家只有 5 分钟的路程，我可以保证，那里从来没有发生过骚乱。

除詹娜的人设之外，即便是百事可乐品牌自身，要质疑种族不平等的社会现状也很牵强。多芬关注美丽，或者护舒宝关注女性赋权，这些都很合理。一个名为 The PR Council 的公共关系会员组织对这则广告评论道："它的脱节集中在真实性、可信度方面，以及它错误地借用了更大、更有意义、更严肃的事物。"

百事可乐公司最终也放弃了雄心勃勃的目标，表示："百事可乐公司试图传达一种关于团结、和平和理解的全球化理念。显然，我们没有达到预期目标，为此我们要道歉。"

打造令人痴迷的
品牌意义
BRAND HACKS

如何让老品牌再次爆火

创建一个新品牌既困难又代价昂贵。虚构真实性也是行不通的，就像霍利斯特和百事可乐公司找詹娜拍的广告所展示的那样。

与其创建一个没有任何历史的新品牌，不如考虑重启一个老品牌。只需花费 275 美元，你就可以在美国专利商标局（US Patent and Trademark Office）购买一个已为数百万消费者熟知的品牌。

你可以提前回顾一下该品牌流行时的杂志和影像资料，了解其文化背景。然后，与该品牌的老用户进行交流，挖掘出它曾经带给人们的记忆和感受。不过，要注意使重启的老品牌适合当今的市场，以及不要去选择只能吸引老年人的品牌。

食物的真实尤为重要

与其他品类的产品一样，人们不再轻信品牌广告给出的食物和烹饪建议。过去的几十年里，人们摄入了大量含有高果糖玉米糖浆、有害脂肪和连成分都无法念出来的工业食品。如今，人们发现将饮食习惯重新与健康挂钩的意义重大。2015 年，市场研究公司尼尔森全球媒体（Nielsen Global Media）对 60 个国家的 3 万人进行了饮食习惯的调查，并得出了结论：在全球范围内，人们越来越追求天然、非转基因、低胆固醇、低脂肪和有害成分更少的食品，而且这些食品最好拥有可持续的供应链。尽管北美地区在这些食品的以上指标方面低于全球平均水平，但这里的消费者对于健康食品的需求在稳步增长，而碳酸饮料和咸味零食等享乐型品类的需求正在下降。有趣的是，Z 世代[①]和千禧一代最愿意为健康食品支付额外的费用，因为他们当中超过三分之一的人认为健康饮食非常重要。

人们需要配料表看得懂的健康食物

人类的祖先依靠狩猎和采集生活。他们通过捕鱼、狩猎和采集野生食物来确保生存。如今，我们无法获得人类祖先所吃的食物，生理结构也不完全相同。但是，我们可以通过改变饮食习惯，选择新鲜、天然和轻度加工的食物来回归人类的饮食起源。以下是几个利用了这一趋势的品牌。

---

① Z 世代通常指 1995—2009 年出生的人，也被称为互联网世代，这一代人自出生起就与互联网信息时代无缝对接。——编者注

- 泰森鲜肉公司（Tyson Fresh Meats） 推出了“革新牛肉计划”（Progressive Beef Program），该计划旨在认证养牛场的牛只护理、食品安全和环境可持续性。
- 7-11 便利店 推出了自己的有机冷榨果汁系列，作为自有品牌 7-Select GO!Smart 系列中健康零食和饮料的一部分。
- 沃尔玛（Walmart） 在 2016 年左右，平均每年在世界各地销售约 7.5 亿美元的当地种植农产品。

人们更愿意购买本地产品

人们对本地食品的需求在快速增长，以至于本地农民已无法满足这种激增的需求。当然，很少有人了解并理解“本地生产”、“本地种植”和“有机”的区别，但归根结底，对新鲜、天然食品的需求正在成为主流。除了农贸市场和高档杂货零售商全食超市（Whole Foods Market），大型超市和杂货连锁店也在扩大本地农产品的供应。

富裕的、追求自然养育的妈妈只会在昂贵的精品店购买奇亚籽——类似的刻板印象早已不再成立。开市客现在是全美最大的有机食品销售商，2015 年其有机食品销售额达到 40 亿美元，超过全食超市的 36 亿美元。开市客甚至拥有有机农场，用来满足市场需求。这家会员制连锁店还向农民提供贷款，帮助他们扩大产量。

除了大型超市和会员制连锁店，农贸市场也在崛起。根据美国农业部（U. S. Department of Agriculture，USDA）的数据，美国注册的农贸市场已超过 8 500 个。而 1994 年注册的农贸市场还不到 2 000 个，到了 2014 年，该数字就达到了 8 000 个。人们在本地农贸市场购物，相当于在所在社区范围内消费，从而为本地经济做出贡献。与依赖复杂的财务方案来避免为利润支付税款的大型公司不同，人们在农贸市场花的钱会直接流向农民。农民非常重要，因为他们是种植食物的人。在农贸市场上，农民们还会帮助顾客了解食物的来源。随着时间的推移，消费者与生产者建立了关系，使人们对本地社区有了更强的信任感、归属感和自豪感。

除了农贸市场，还有“农场到餐桌”（farm-to-table）生态餐厅、“农场到学校”（farm-to-school）教育项目，以及“本地食物爱好者”（locavore）喜爱的家庭园艺。尽管目前相关活动零零星星，但也正在蓬勃发展，有助于消费者从小培养这样的消费习惯。

打造令人痴迷的
品牌意义
BRAND HACKS

地方品牌如何放大自身优势

以一些地方啤酒厂为例，以它们的预算无法与安海斯－布希公司（Anheuser-Busch）的百威啤酒（Budweiser）在市场上竞争。但地方啤酒厂的啤酒是本地酿造的，具有独特的口味，并且原始、纯正和可信，因此非常真实。

精酿啤酒应该面向那些寻求工匠精神的鉴赏家和定期品尝啤酒的普通消费者。如果你是一家精酿啤酒品牌，你不需要与拉格啤酒

(lager)[①] 争夺市场主导地位。喝精酿啤酒的人很可能也喝百威啤酒。地方精酿啤酒品牌的目标是维护忠诚的客户群体，并利用产品的独特性和质量来获取溢价。

对于任何手工制作的产品，比如小批量产的威士忌、香薰蜡烛、橄榄油、烧烤酱、巧克力或果酱，都可以采用同样的策略，维护好忠实的客户群体。如果生产规模非常小，那就花时间手写产品标签，随货寄送手写卡片。当然，这样做需要花费大量时间，也无法呈规模化，不过好在成本很低，而且手写的方式正体现了真实性。

令人向往的自主烹饪

烹饪自己采购的食物很有意义且令人感到满足。在工作了一整天后，回家自己烹饪可以滋养身心，放慢自己的节奏，让自己专注于当下的生活。烹饪也是一种正念冥想的形式（在第 8 章中我们将进一步探讨这一点）。例如，剥水果的时候，你可以关注水果的气味、颜色和触感，然后专注地品尝水果，使自己远离过去的烦恼和对未来的焦虑。与叠衣服或洗碗不同，烹饪是能给你回报的，它能唤起你的创造力，带来快乐。当人们将自己制作的丰盛多彩的菜肴端到餐桌上时，也会产生成就感。

2020 年，全美烹饪类书籍的销量较 2019 年增长了 15%。新冠病毒

① 大批量生产的啤酒品牌例子，其发酵时间短，产量大、效率高，容易控制口感的一致性。——译者注

感染疫情暴发之前的 2018 年和 2019 年，烹饪书的销售量也在增长。出版数据调研机构 NPD BookScan 的图书行业分析师艾莉森·里斯布里奇（Allison Risbridger）认为："烹饪书籍之所以大卖，主要是因为美国人普遍想花更多的时间在家中自己烹饪。"

从一定程度上来讲，人们对健康、营养饮食的追求推动了烹饪书籍的市场需求。佛蒙特大学食品系统研究生项目的副教授兼前教务主任埃米·特鲁贝克（Amy Trubek）表示："自己做菜，并在家中用餐，是许多人一直努力追求的理想家庭的生活方式。"虽然人们可以在互联网上习得烹饪技巧，快速获取食谱，但许多人更倾向于通过精美的、色彩绚丽的烹饪书籍来寻找灵感。

科技为烹饪品牌提供助力

科技为人们的生活带来了便利，也为品牌公司提供了新的机遇。

- 智能设备中的数字食谱应用程序让人们可以将所需的食材上传到购物清单应用程序中。这些应用程序还可以设定电器温度和烹饪时间等。根据人们的日程安排、餐饮计划、食物库存和个人偏好，也可以个性化定制食谱。
- 提前预备好的新鲜食材包与智能设备中的清单配对，这样人们就不太容易搞错菜谱了。
- Google Home 和 Amazon Echo 等语音助手帮助人们加快餐前准备的速度和减少浪费，而这两点是最影响人们做饭的两大阻碍。

品牌方可以帮助消费者创建购物清单。研究显示，2018 年，84% 的美国消费者购物时要在多达 6 个品类的产品中选择。面对众多选择，他们需要有人帮助他们了解自己该买什么。自 2016 年以来，“购物清单”的关键词搜索量增长了 150%，“要买什么”的关键词搜索量增长了 50%。

以下几个在线平台会销售美国本地新鲜农产品，并将产品送到消费者的门口。

- WildKale 使顾客可以直接从当地农民那里订购食品，农民则会按订单收割、采摘和加工食材。
- Farmstead 利用人工智能来预测消费者的习惯，以此确定食物订购数量，从而最大程度地减少食物浪费。
- Good Eggs 销售本地农产品、肉类和烘焙食品，并承诺当天送货。

诚然，其中一些商业模式目前可能还未普及，它们的受众是相对富裕、受教育程度较高的群体。但有一点毫无疑问，那就是人们对可持续食品的追求并不只是一种潮流，而是出于对更有意义的生活方式的渴求。

让人们勇于下厨

我的朋友凯瑟琳·弗林（Kathleen Flinn）是 2008 年《纽约时报》畅销书《巴黎蓝带学厨记》（*The Sharper Your Knife, The Less You Cry*）

的作者。她在 2011 年拜访了 200 个家庭，写下了《厨房烹饪学校》（*The Kitchen Counter Cooking School*）一书。在这本书中，弗林研究了人们的储物室、橱柜和冰箱里都有什么。她也是烹饪课老师，学生的年龄从 11 ～ 89 岁不等，其中有食物过敏的孩子，也有因为妻子患有阿尔茨海默病无法煮饭而需要自己做饭的退休医生。

弗林注意到，美国消费者正逐渐认识到食物质量越好，他们的健康状况就越好。长期以来，大型食品公司一直在推广不健康的食物。例如，1965 年，卡夫食品公司（Kraft Foods）的维尔维塔芝士（Velveeta）[①] 被宣传为“满含牛奶中的健康营养”。它明明是经过巴氏杀菌处理的加工乳酪，广告中却告诉人们它是一种健康食品。神奇面包（Wonder Bread）也被品牌定位为是比普通面包更健康的面包产品，“在 12 个方面帮助人们打造健康体魄”，而且《好管家》杂志（*Good Housekeeping*）也为其做背书。

几十年来，食品公司的市场营销一直让人们相信烹饪很困难、复杂，不值得花时间去做，使人们觉得直接吃电视上销售的快捷晚餐能更好地节省时间。因为这样人们就可以有更多的时间坐在电视机前看这些广告了。通过厨房烹饪学校的授课项目，弗林希望增强读者对于烹饪的自信心，因为急于求成的压力是让人们对烹饪敬而远之的原因之一。

食品广告中经常会展现出成功的氛围，广告内容中会有类似这样的

---

① 1 盎司维尔维塔芝士含有 410 毫克钠，而钠的每日推荐剂量为 2 300 毫克。用维尔维塔芝士制成的几盎司奶酪会使血液中的钠含量升高，这对患有高血压或肾病的人构成了风险。——译者注

情节：厨师将一盘美食端到餐桌上，所有客人都对食物印象深刻并夸赞厨师。长期以来，人们都认为烹饪需要使用非常高端的电器、昂贵的炊具和各种产品。难怪在弗林最早遇到的一批烹饪课学生中，有人竟然用外卖打包的食材做菜，因为这位学生知道这样做一定会成功。但现在人们已经意识到用预制的半成品并不能提高厨艺。人们越来越愿意在菜场买菜，然后在厨房里花时间做一些真正的食物。

直到今天，弗林在拜访一些家庭厨师时，还是经常听到他们过于谦虚的道歉。这是因为大多数人依然对自己的刀功等没有信心。不过，广告中描绘的那种成功制作一顿家庭晚餐的画面似乎越来越少了。20 世纪 50 年代的家庭主妇们引以为豪的餐厅空间现在流行改建成家庭办公室。美国几乎所有的新建房都是开放式厨房，已然成了新式的居家餐厅。人们现在可以更轻松地在家里用餐，在家做饭的压力也没那么大了。

人们仍然喜欢通过烹饪给他人留下好印象。例如，在如今的约会场合中，准备饭菜的过程也十分重要。越来越多的人也看到了家庭烹饪的意义所在，那就是用天然食材烹制健康、丰盛的一餐。

品牌增长
必须知道的秘密
BRAND HACKS

- 做真实的自己意味着一个人要意识到自己的本性并表达出来。想做到这一点，就必须不受到外部社会压力的影响。
- 消费者已厌倦了完美的形象，对此丧失了兴趣。试图虚构真实性的品牌和广告很快就会被揭穿并受到消费者的嘲笑。

- 想要让人们认为你的产品真实、可信，你的品牌必须是独创、诚实和可信的。
- 人们在具有真实性的食物中找到意义，由此重新与土壤和种植者建立连接。
- 本地产品和手工制品的市场正在经历爆炸式增长，为大大小小的品牌提供了无数机会。

BRAND HACKS

HOW TO BUILD BRANDS
BY FULFILLING THE
CONSUMER QUEST FOR MEANING

第 4 章

策略 4，触发怀旧情怀

- 各种媒体上的信息让人们不堪其扰，对现状感到不安，而追溯过去简单的时光能让人感到慰藉和安心。
- 品牌必须利用人们对于过去的积极情感，在过去和现在之间建立有意义的连接。

科技和社交媒体的发展加快了人们获取信息的速度，也为人们提供了即时的满足感，但人们还是渴望回到过去，因为那时大家对未来没有那么担忧，生活也更加简单。为了重新与过去建立联系，人们会回忆过去愉快的经历，将眼前消极的感受转化为积极的认知，提升自尊心并改善情绪，而人们会用熟悉的品牌产品来实现这一目标。这些品牌产品能够唤起人们很久以前的某种感受，将人们带回到过去的时代。

怀旧也有助于人们应对未来的不确定性。例如，年轻人住在父母家并开始自己的第一份工作时，经常会想起童年的朋友、宠物和假期的美好记忆。怀旧还能增强人们的社会联结感，让人们对未来抱有更加积极的态度。

消费者更愿意花钱购买能唤起自己美好回忆的产品，并且也愿意为此支付额外的费用。对市场营销人员来说，理解童年记忆和怀旧情感的重要性具有双重意义。第一，人们最早期的经历和一些决定性的时刻会影响他们当前和未来对于品牌的偏好。第二，复苏沉寂的品牌或赋予现有品牌强烈的情感意义都是有效的营销策略。怀旧营销（nostalgia marketing）能够唤起人们过去已经体验过的感受，比起为现有品牌创造新的情感上的吸引力要更容易实施。在本章中，我们将学习如何将积极的品牌信息与过去联系起来，以及如何在过去与现在之间建立有意义的连接。

人们对过去如此着迷

英文中的 nostalgia（怀旧）是由希腊语中的 nostos（回归）和 algos（痛苦）组成的一个复合词，它暗示了旧伤带来的痛苦感受。关于怀旧情感，可以追溯到《圣经》、恺撒和希波克拉底。当代对怀旧的定义不再只是思乡之情，而是笼统地表示为对过去的深情渴望或依依不舍的情感。

怀旧情感让人们感到生活更有意义，可以帮助人们应对眼下的不安。它是一种苦乐交织的积极情绪。例如，有些人在怀旧时会在心中构建一个情境，在这个情境中经历从不利的处境到赢得胜利的整个过程，从而在心中产生积极的情感。怀旧情感可以帮助人们将过去的记忆延续到现在，通过对过去的积极感知，赋予当下生活更多的意义。随着年龄的增长，怀旧情感变得越来越有价值，因为它使人们想起更为年轻、活泼、健康的岁月，而正是过去的岁月塑造了人们现在的个性和身份。

怀旧是跨越所有年龄段的强大的情感触发器。事实上，千禧一代和后千禧一代因为没有经历过 20 世纪 60 年代和 70 年代，他们会将这些时代的生活看得非常浪漫化，沉溺其中，逃避平日繁忙的工作和无尽的责任。无论年龄、性别和文化背景如何，怀旧是人们都认同的情感。因此，怀旧促进人们产生同理心，有助于人们互相建立联系，回忆起同一时期，即使有的人那时并不相识。

> 投影仪带来的悸动远比记忆本身更让人心潮澎湃。这不是一艘太空船，而是时光机。它可以向前，也可以向后……带我们去一个我们渴望再去一次的地方。它不是“转盘”，而是一个“旋转木马”。它带领我们像孩子一样旅行，转啊转，回到从前的家里，到那个我们知道自己被爱着的地方。
>
> ——唐·德雷珀（Don Draper）在《广告狂人》（*Mad Men*）中介绍柯达旋转投影仪[①]时的陈述

过去和未来一样令人难以捉摸，因为人们会扭曲过去的记忆并强烈地渴望回到过去，认为过去比现在更美好。现实让人感到焦虑，而未来似乎又充满着不确定性。过去那条温暖的毛毯、一杯配有棉花糖的热巧克力、一块棉花糖夹心饼干和一部迪士尼电影都令人感到慰藉。就像看待未来一样，人们也喜欢将过去理想化，只回忆那些令人愉悦的时刻。因此，怀旧情感大多是一种幻想，是对理想的渴望。用战略家艾伦·赫希（Alan Hirsch）的话说，怀旧情感就是“对于那种被加了滤镜的、美化的过往时光的渴望，这在心理分析学中被称为屏蔽记忆（screen memory）。屏蔽记忆不是对过去的真实再现，而是对许多不同记忆的组合，在此过程中，人们过滤掉了所有的负面情绪”。

赫希指出，怀旧更多的是一种情感状态，而不仅是对特定时光的回

---

① 柯达旋转投影仪是一种使用旋转托盘来存放幻灯片的投影仪。1965 年 5 月 11 日，来自纽约费尔波特的戴维·汉森（David Hansen）首次为其申请了专利。汉森是柯达公司前工业设计师。——译者注

忆。人们会对特定的地方、时间、物品和气味产生依恋，因为它们能唤起人们积极的怀旧情感。研究表明，嗅觉是与情感联系最紧密、最长久的感官。尽管怀旧的情感以前多与抑郁情绪联系到一起，但现在已经证明，怀旧情感也可以对抗无聊、孤独和焦虑情绪。

智能手机和各种应用程序、社交媒体平台在唤起用户的怀旧情感方面做得很好。Facebook 会提醒人们 5 年前的某一天他们在做什么。历史照片应用程序 Timehop 也是如此，它会从人们的 Instagram、Facebook、X 和多宝箱（Dropbox）账号中收集旧照片，帮助用户以全新的方式围绕过去的时光建立联系。Timehop 声称发明了“数字怀旧品类”，帮助人们在数字历史中发现关于消费、叙述和寻找意义的新方法。像 #TBT（Throwback Thursday，回忆星期四）和 #FBF（Flashback Friday，闪回星期五）这样的标签也很受欢迎。人们越来越爱怀旧，因为所有人都在以极快的速度产生大量的数字记忆。比如说，#TBT 这个标签最初默认是用于回忆童年的，现在它用于回忆上周发生的事情。这样也简化了市场营销人员的任务，他们无须再回溯几十年前的场景来唤起消费者的怀旧情感。

如今，怀旧情感对人们来说比以往任何时候都更有意义，因为追赶未来总是令人疲惫和不安，科技带来的创新引发了大多数人的焦虑。请停下脚步，花些时间思考以下术语：虚拟现实、人工智能、机器学习。它们听起来都过于乌托邦了，甚至有些令人生畏。而怀旧情感能将人们带回到已知的、安全的旧时光，从而缓解人们对未来不确定性的不安。请问：电动汽车是一种更安静、更环保的出行方式吗？生产电池和电力的过程很复杂吗？无人驾驶汽车是否适合做大规模推广？请在网上搜索一下，自己做出判断吧。

什么触发了怀旧情感

怀旧情感有 3 个主要的触发因素。

1. **角色。**朋友和家人可以唤起人们温暖的回忆。此外，特定的电影和游戏也能让人们回到美好的童年时光。
2. **事件。**人们都记得生命中重要的事件，这些事件能触发积极的回忆，比如第一次约会、毕业典礼、婚礼或某个节日。
3. **集体。**集体怀旧是人们作为一个群体共同分享记忆的行为。比如橄榄球队赢得超级碗的回忆，在人们年轻时期播放过的电视节目和电影，或者对于骑马作为交通工具的古老时代的理想化记忆。

怀旧情感无处不在

人们希望未来是确定的。让自己被过去的影像所围绕，有助于缓解对时代变革的焦虑。如今城市里的年轻人很喜欢代表过去的符号，表现出对于自己从未经历过的时光的怀旧之情。通过诸如梅森罐（mason jars）[①] 和马歇尔（Marshall）[②] 头戴式耳机等品牌产品，年轻人沉浸在前几代人的记忆之中。在 Instagram 上，人们会使用褪色效果的滤镜选项来使自己发布的照片更像老照片，这些照片会让人联想到宝丽来相机

① 一种用来储存食物的密封玻璃罐，由美国一位名叫约翰 · 兰迪斯 · 梅森（John Landis Mason）的铁匠发明并申请了专利。如今这种罐子的用途多种多样。——编者注

② 成立于 1962 年的老牌音箱品牌。——译者注

（Polaroid）拍摄的照片。总之，怀旧情感无处不在。

城市中的怀旧情感

城市中心的许多旧工业建筑正在转变为时尚的LOFT公寓[①]。在美国，弗吉尼亚州里士满翻新的烟草厂、纽约市的肉类加工区和芝加哥的西环区（West Loop）都是典型代表。人们喜欢通过翻新来保留这些建筑的原始特点，露出红砖和横梁，突显挑高天花板的美感，并展现出开放式平面设计的功能性。再加上几个爱迪生灯泡[②]、几扇节能窗户和一座屋顶花园，曾经的废弃工厂就准备好迎接现代生活了。

有些讽刺的是，这些工厂里曾经都是流水线工人，他们拿着微薄的工资，在恶劣的工作条件下制造螺栓和螺母。后来，这些工厂也容纳过波希米亚式的流浪艺术家，但是最终还是被人们遗弃在了贫穷和不受欢迎的街区中。如今，工业时代的美学却成为成功的科技公司、时尚偶像和高收入专业人士的首选身份符号。

文化中的怀旧情感

在开设“冰激凌博物馆”时，玛丽埃利斯·邦恩（Maryellis Bunn）和马尼什·沃拉（Manish Vora）将童年回忆、放纵、享乐和逃避主义结合了起来，在一个完美的环境中创造了一种现代的怀旧体验。这个“博物馆”迅速走红，在纽约开业后不久，门票售罄，排队等候的人数

---

① LOFT在《牛津词典》上的解释是“在屋顶之下、存放东西的阁楼”。在实际生活中，所谓LOFT，指的是由旧工厂或旧仓库改造而成的、少有内墙隔断的高挑开敞空间。——译者注

② 也称为灯丝灯泡，是一种老式灯泡。——译者注

达到了 20 万。同样的情况也发生在洛杉矶和旧金山的分馆。然而，这个以糖果为主题的展览是否真的符合博物馆的定义还有待商榷。在考虑名称时，创始人之所以选择了“博物馆”一词，是因为它是人们都能够理解的一个概念。

除售卖 29 美元的入场门票外，该博物馆还与交友软件 Tinder 和美国运通（American Express）等品牌合作，这些品牌公司花 18 万美元包场一天。另外还有一些与这个博物馆相得益彰的活动，比如像麦康奈尔（McConnell's Fine Ice Creams）和库尔豪斯（Coolhaus）这样的手工冰激凌店，它们向来宾提供免费的冰激凌试吃样品，与这个充满魅力的博物馆做联合营销。

零售业中的怀旧情感

可以说，是怀旧营销使美国时尚品牌 Urban Outfitters 免于堕入破产境地。Urban Outfitters 的线下店内曾充斥着明晃晃的“特卖”告示牌，吓跑了不少核心受众，即潮流达人。这种特卖活动吸引来的主要是支付能力有限的青少年。现在，过度的折扣活动已经停止，店内环境充满了令人心动的摄影作品和怀旧物件，比如宝丽来相机、霓虹灯和新波希米亚风格的家具。潮流达人们现在也回到 Urban Outfitters，在该品牌的线上平台或线下门店购物。品牌方翻新的网站让人感觉是在浏览一个精致的 Instagram 账号页面。

电子游戏和计算机领域中的怀旧情感

电子游戏可能是从怀旧营销中获益最多的行业。任天堂公司推出了其标志性产品 NES 游戏机的迷你版本，让玩家重新找回当初爱上电子游戏的理由。

至于游戏本身，《精灵宝可梦 GO》将怀旧情感与 AR 相结合，取得了巨大的成功。原版的《吃豆人》（*PACMAN*）、《超级马力欧兄弟》（*Super Mario Bros*）和《塞尔达传说》（*the Legend of Zelda*）也吸引了大量粉丝。

在计算机领域，奥多比公司（Adobe）在年度 MAX 大会上庆祝 Photoshop 诞生 25 周年。在会上，通过重现 1990 年、1994 年、2003 年和 2015 年的工作界面，它展示了不同时期的技术（比如在 1990 年的 Mac Classic 操作系统上运行 Photoshop 1.0 版本），并用当时的标志性海报和物品做装饰。

音乐唱片中的怀旧情感

如今，各个年龄段的消费者都很喜欢实体的音乐专辑。尽管下载音乐更方便，音质更好，但为了获得情感上的满足，人们愿意放弃这些实用性。黑胶唱片就将人们带回到众所周知的美好年代。

尽管音乐下载的销售额正在下降，但黑胶唱片的销售额却在飙升。2020 年美国售出了 2 750 万张黑胶唱片，比 2019 年增长了 46%，比 2006 年增长了 30 倍以上。黑胶唱片的销售额占据了所有专辑销售额的 27%。有一点很有趣，那就是畅销的黑胶唱片吸引到了不同年龄段的音乐爱好者。畅销歌手包括披头士乐队、迈克尔·杰克逊和“王子”普林斯·罗杰斯·纳尔逊（Prince，原名 Prince Rogers Nelson），还有艾米·怀恩豪斯（Amy Winehouse）、贾斯汀·汀布莱克（Justin Timberlake），甚至是说唱歌手肯德里克·拉马尔（Kendrick Lamar）。

音乐视频中的怀旧情感

音乐视频制作人了解怀旧情感所具有的力量。阿里安娜·格兰德于 2016 年发布的单曲 *Side to Side* 以及贾斯汀·比伯（Justin Bieber）于 2015 年发布的单曲 *What Do You Mean?* 都采用了霓虹灯元素，这是一种 20 世纪初的技术。

在 DJ、电子音乐制作人“棉花糖”（Marshmello）和歌手阿内 - 玛丽（Anne-Marie）于 2018 年合作的单曲 *FRIENDS* 的音乐视频中，阿内 - 玛丽拿起了一个旋转号盘电话机。这一点相当有趣，因为旋转号盘电话机是在 20 世纪 60 年代发明的，一直流行到 20 世纪 80 年代，而阿内 - 玛丽出生于 1991 年，可以合理地推断她从未拥有过这种电话，甚至可能不知道它的工作原理（我没有对这位歌手不敬的意思，毕竟旋转号盘电话笨重且容易出错）。

在音乐视频中，利用怀旧情感最成功的一个例子是拉娜·德雷（Lana Del Rey）2012 年的单曲 *Video Games*。这首单曲的音乐视频是一段由好莱坞场景和家庭影片组成的拼贴画面。年轻人骑着轻便摩托车，晒着太阳，滑着滑板，这样的愉快片段与洛杉矶标志性建筑物的画面相交融，比如标志性的马尔蒙庄园酒店（Chateau Marmont）。迄今为止，该视频播放量早已突破 2.5 亿次。

怀旧的包装

怀旧的包装能重新营造出产品最原始的感觉或一种历史感。一个很好的怀旧包装例子是早餐麦片 Wheaties。自 1934 年以来，它的包装上一直印有著名运动员的名字，如今已成为一种文化标志。当时，麦片包装盒的设计采用了大胆的图案和明亮的背景，以便在彩色电视机上脱颖而出，而当时彩色电视才刚问世不久。

怀旧的广告

怀旧的广告侧重于创造品牌和产品的情感连接，并依靠特定的设计元素唤起消费者的怀旧情感。广告商利用某一时代的典型特征来唤起消费者的集体记忆和当时的习惯。例如，微软公司的广告片《90 年代的孩子》（*Child of the 90s*），旨在增强消费者对其 Internet Explorer 网页浏览器的认知。这则广告以隐喻的方式提醒人们，它就像人类一样，在二十几岁时也经历了自我发现的阶段，即将重新面世，成为一款适用于平板电脑的浏览器。

零售商品牌塔吉特推出了名为《我们每个人都叛逆》（*There's a Rebel in All of Us*）的广告片，令观众为 2016 年上映的电影《星球大战外传：侠盗一号》（*Rogue One: A Star Wars Story*）感到兴奋。这则广告的主角是那些小时候就观看“星球大战”系列的几代人的代表，片中讲述了他们在前三部电影上映后的成长历程。

成功的怀旧营销在于平衡

霓虹灯是 20 世纪 20 年代发明的一种技术，完全依赖于气体、玻璃和电力，如今它在城市化、艺术和营销领域大放异彩，让霓虹灯供应商比以往任何时候都更忙碌，因为艺术家和品牌公司都认为霓虹灯是让自己在市场上脱颖而出的好办法。

许多博物馆带头开展霓虹灯复兴项目，而像斯特拉·麦卡特尼（Stella McCartney）、泰佩思琦（Tapestry）和科颜氏（Kiehl's）等高端品牌则使用霓虹灯来营造现代感或怀旧情感。就连珠宝商蒂芙尼（Tiffany & Co.）也使用霓虹灯来重新彰显其对中世纪的致敬。那些最容易被手工制品吸引的年轻购物者对霓虹灯尤为喜爱。

正如那些被改建成豪华 LOFT 的工厂一样，霓虹灯多年来所代表的含义也不尽相同。起初，霓虹灯是现代和创新的象征，但很快就成为衰落的象征。闪烁的霓虹灯代表着那些曾经辉煌耀眼的事物，它们现已破败，却并没有完全失去力量。直到今天，霓虹灯有时还与一些缺乏魅力的地方联系在一起，那里没有蒂芙尼或斯特拉·麦卡特尼这种高端店铺；有些地方仍然闪烁着"女孩、女孩、女孩"字样的霓虹灯，或者干脆就立在汽车旅馆的入口，隐喻着失去的美国梦。随着时间的推移，霓虹灯招牌消失了，发展成了一种艺术。曾经只能制作啤酒和汽车旅馆招牌的霓虹灯供应商，现在成了备受尊敬的艺术家。

霓虹灯既夸张又美丽。即使霓虹灯的热潮消退了，人们可能仍然会沐浴在那些管状灯光中。出于对霓虹灯及其在广告和文化中的意义的好奇，我联系了加利福尼亚州格伦代尔市霓虹灯艺术博物馆（Museum of Neon Art）名誉理事会成员埃里克·林克斯维勒（Eric Lynxwiler）。

林克斯维勒在童年时期对黑暗中远处的霓虹灯光芒感到着迷。后来，他积极参与洛杉矶保护协会（Los Angeles Conservancy）现代志愿者委员会的工作，20 多年来一直是霓虹灯艺术博物馆的保护者、教育者和拯救者。林克斯维勒解释说，霓虹灯之所以受欢迎，在于它对人们原始本能的吸引。因为作为曾经的穴居人，人们总是朝着光明前进，寻求安全和舒适。他指出，霓虹灯能吸引到所有年龄段的观众，尽管在不同的年代它承载着不同的含义。对一些人来说，霓虹灯是怀旧，但对其他人来说则是新奇。年长的美国人对过去有怀旧之情，希望保留霓虹灯标志，因为这是他们青春时代的印记。

许多年轻人从小就没有见过霓虹灯，但会被其明亮的色彩和新奇的风格所吸引。来博物馆参观的年轻人可能不知道霓虹灯标志上的内容是什么意思。有的人甚至无法阅读标志上的文字，因为上面使用了古老、独特的潦草字体，年轻人一般不太熟悉。

无论如何，Instagram 吸引了大量观众来到霓虹灯艺术博物馆，因为霓虹灯是拍照的完美背景。人们无论年龄多大，对霓虹灯都十分迷恋，它的效果是其他任何技术都无法复制的。霓虹灯就像一种视觉糖果。它特别适合拍照，人们甚至会为了拍照，把霓虹灯装在洗手间里。在霓虹灯艺术博物馆里，女性洗手间成为自拍的热门地点，有些人还会在空中抛撒闪粉来增添效果。

打造令人痴迷的品牌意义
BRAND HACKS

如何开展怀旧营销

尽管怀旧营销并不新鲜，但在经历了疫情后的今天，它变得尤为重要。因为人们一方面感到越来越孤独，另一方面也对品牌及其公司越来越不信任。

和本书中提到的所有爆款品牌的成功策略一样，怀旧营销也并不适用于每个品牌。在某些情况下，怀旧营销可能会使品牌产品边缘化，因为它会让品牌显得与当下的消费者脱节。电子产品零售商 RadioShack 最初凭借 2014 年的超级碗广告取得了巨大成功，该广告中出现了 20 世纪 80 年代的偶像，如摔跤手胡克·霍根（Hulk Hogan）、《回到未来》（*Back to the Future*）系列电影中的标志性车型德洛雷安（DeLorean）和外星人系列电视剧《家有阿福》（*Alf*）中的角色阿福。但是，到了 2015 年，RadioShack 就申请破产，永久关闭了 187 家门店。

要成功地开展怀旧营销，你的品牌在当下仍然必须有价值，与当代的人们有一定关联。以下是怀旧营销的一些具体方法。

1. 发挥品牌传承。在一个流动性强和强调机遇的国家，传承至关重要。每个人都喜欢好故事，因此拥有一个关于传承的故事能大大增强你的品牌号召力。这一方法适用于任何类别的品牌，比如巴塔哥尼亚等运动装备品牌，路易威登和高雅德（Goyard）等皮具品牌，本杰瑞（Ben & Jerry’s）等冰激凌品牌或马歇尔等扬声器、耳机品牌。李维斯就是在传承与当代之间找到平衡的一家品牌公司。过于依赖传承的品牌显得陈旧；相反，忽视历史则意味着放弃了品牌最强大的一项资产。

2. 进行寻宝游戏。搜索地下室和阁楼，寻找旧的草图、笔记、采购订单、照片和产品，从中选择一两个发现，写一段简短的叙述。你要寻找的是你找到的东西与过去的联系，无论是一个人（肯德基创始人桑德斯上校）、一个地方［高档刀具拉吉奥乐（Laguiole）是在同名城市制造出来的］、一个目标［19 世纪 50 年代初，李维斯品牌创始人李维·斯特劳斯（Levi Strauss）最初为淘金矿工设计服装］，还是一段经历［户外用品品牌里昂比恩（L.L. Bean）最初是一家钓鱼和狩猎用品供应商］。

3. 怀旧的目标时期可近可远。不是说品牌一定要有几百年的历史才能进行怀旧营销。只需要找到你的目标受众会怀念的一段时期。只要你的品牌曾在目标受众的童年或青少年时期出现过，你就可以使用这一时期的元素。而如果你的品牌历史更久远一些，那就可以直接创造目标受众没有经历过的、一段浪漫化和理想化的过去。

4. 庆祝品牌周年纪念。和人们喜欢庆祝周年日一样，品牌的周年纪念日也是品牌历史的里程碑。周年纪念是对品牌生命力和历史累积的有力注解。如果能安排好周年纪念活动，它将成为简单而强大的营销策略。

请不要这样做

不要在周年庆活动日打出如全场六折的口号，因为这会令顾客感到难以置信，甚至怀疑你的产品价格当初虚高了 40% 之类的。

不要打着自己品牌被评为 ×× 第一床垫商店的旗号，因为顾客会纳闷这是由谁评选的。哪怕进行全部清仓的活动，顾客也不一定买账。

要这样做

1. 玩数字游戏。为了庆祝成立 7 周年和第 7 家店的开业，定制男装品牌 Klein Epstein & Parker（KEP）向顾客推出了一个仅限一天的优惠活动。活动规则是，只要顾客当天购买价值 777 美元的礼品卡，就可以在店内购买到价值 1 500 美元的商品。这个活动的成本可能并没有想象的那么昂贵。这个优惠交易只在一天内有效，所以 KEP 的忠实顾客可能会打电话给店员，要求当天马上刷信用卡，并在几周、几个月后再兑换他们的礼品卡额度。此外，品牌也可以轻松地指引顾客如何使用礼品卡。

2. 带顾客回忆过去。Facebook 在 10 周年纪念日当天，通知用户可以在 Facebook 上观看一段他们的回顾视频。这段回顾视频由每个用户最受欢迎的 15 条状态帖子、照片和生活事件组成。Facebook 希望提醒用户，自己可以成为他们生活的中心和记录回忆的好方法。

3. 为品牌制作纪念品。设计一款收藏版马克杯或 T 恤衫，你可以微调你的品牌标志，或推出特别版产品。

4. 刺激顾客的感官。在人们的 5 种感官中，嗅觉无疑是最能唤起童年回忆的一种。在加利福尼亚州卡拉巴萨斯的冰激凌店 Jeni’s Splendid Ice Cream，员工手工制作华夫饼，而一台华夫饼烤盘就醒目地展示在店门口。当顾客经过这家店时，温暖的华夫饼香气立刻就能使其回忆起年少时光。店家本可以把烤盘放在后面的房间里，但他们将其放在了前台。这样做不仅激发了人们的怀旧情感、真实感，也有助于提高更昂贵的华夫饼甜筒的销量，而且无须额外的营销费用。

5. 将新品牌与旧品牌或已经消失的品牌结合起来。快时尚零售商 FOREVER 21 与柯达公司合作推出了一款联名系列来纪念 20 世纪 90 年代。对柯达公司而言，这次合作是重振品牌、提高知名度的机会。至于 FOREVER 21 则利用了柯达的品牌资产和怀旧魅力，因为 FOREVER 21 的大多数顾客从未购买过柯达胶卷，事实上，他们中的许多人甚至可能都不知道什么是相机胶卷。

还有一个类似的例子。即时成像相机品牌宝丽来与运动服装品牌彪马（PUMA）合作来庆祝自己成立 80 周年。此次推出的限量版彪马运动鞋的灵感来自宝丽来标志性的 OneStep 模拟即时成像相机：鞋底是红色的，模仿相机的快门按钮，鞋舌上有宝丽来标志性的彩色光谱图形。

6. 利用今天的技术复兴昔日的品牌。宝丽来推出过 Z2300 相机，它将模拟摄影与数字摄影技术相结合，用户可以将照片保存为数字文件并即时打印出来。这家成立于 1937 年的相机公司在保留怀旧氛围与拥抱现代技术之间取得了平衡，使自己仍勇立于时代的浪尖。宝丽来还利用 Instagram 的力量，聘请独立内容创作者为其品牌创建优质内容。虽然两家公司的成立时间相隔 60 年，但它们对用户来说具有相同的意义，那就是通过即时分享照片将人们聚集在一起。

品牌增长
必须知道的秘密
BRAND HACKS

- 怀旧情感将眼前消极的感受转化为积极的认知，可以提升自尊心、改善情绪。消费者更愿意花钱购买能唤起自己美好回忆的产品，并且愿意为此支付额外的费用。
- 怀旧情感的主要触发因素包括角色、事件和集体。
- 要开展怀旧营销，你的品牌在当下必须有价值，与当代的人们有一定关联。
- 成功的怀旧营销在于找到传承与当代之间的平衡。
- 怀旧营销的策略包括庆祝品牌周年纪念、刺激顾客的感官、将新品牌与旧品牌或已经消失的品牌结合，以及利用技术复兴老品牌。

BRAND HACKS

HOW TO BUILD BRANDS BY FULFILLING THE CONSUMER QUEST FOR MEANING

第 5 章

策略 5，体验胜过物质拥有

- 经历和体验胜过物质财富。人们通过社交媒体传播自己的经历和体验来赢得社会地位，而社交媒体放大了炫耀性消费的概念。
- 品牌方必须为消费者提供设计元素和工具，以便他们能够立即展示自己的经历和体验，并向别人介绍实现这些体验的产品和服务。

如今，人们获得身份地位的方式已经从拥有物质财富转变为收获独特的生活体验。1988 年，市场营销学教授拉塞尔·贝尔克（Russell Belk）认为，自我是由我们所拥有的商品或物品延伸出来的。延伸自我的概念是“一个表面上看似男性化和西方化的隐喻，不仅包括被视为我（自我）的那部分，还包括被视为‘我的’那部分……人们越是认为自己拥有某样东西或被某样东西所占有，它就越会成为人们自我的一部分”。今天，这种自我的延伸通过人们在社交媒体上分享的体验来实现。

2000 年，伊曼纽尔·罗森（Emanuel Rosen）出版了《蜂鸣营销：如何创造口碑营销》（*The Anatomy of Buzz: How to Create Word of Mouth Marketing*），这是最早专门讨论口碑营销的图书之一。几年后，本·麦康奈尔（Ben McConnell）和杰姬·胡巴（Jackie Huba）出版了《培养客户传教士》（*Creating Customer Evangelists*）与《全民营销》（*Citizen Marketers*）。与此同时，美国口碑营销协会（Word of Mouth Marketing Association，WOMMA）成立，致力于倡导口碑营销。

到了 2018 年左右，市场营销界迷上了“影响者营销”这一概念。

影响者营销实际上与口碑营销非常相似，只是影响规模不同，成了一个新的流行词。社交网络的普及和移动技术的出现使得很多普通人能够成为网红，从而发展出了一个价值 10 亿美元的广告产业，品牌方及其代理机构认为网红能够让它们以真实又个性化的方式触达大量受众。

炫耀性消费的真相

炫耀性消费就是用昂贵的物品炫耀财富。炫耀性消费的概念可以追溯到 19 世纪末，当时索尔斯坦·凡勃伦（Thorstein Veblen）的《有闲阶级论》（*The Theory of the Leisure Class*）① 研究了人们消费奢侈品的行为。他注意到人们购买炫耀性商品，比如背路易威登包、开跑车或戴劳力士手表，是为了显示自己的财富并获得更高的社会地位。这些社会等级较高的人会激励到社会等级较低的人，令后者尝试仿效前者的生活方式。与炫耀奢侈品相对应的是进行炫耀性休闲活动。表面上，我们越不需要工作，休闲时光就越多，那么展示出来的声望和社会地位也越高。

从众效应和虚荣效应

从众效应，也被称为示范效应，就是模仿精英的行为。例如，人们购买最新款的 iPhone 手机，是为了显示自己是经济宽裕、精通科技知

① 该书从金钱攀比动机出发，围绕着炫耀性休闲和炫耀性消费这两种阶级行为的特征展开分析，从社会演进的角度探讨了有闲阶级的起源和有闲阶级的生活方式、消费标准、精神特征以及相关文化现象等方面的内容。——编者注

识的潮人团体的一员。

相比之下，虚荣效应（snob effect）是指人们会拒绝某一特定的品牌或产品，因为它被过度消费之后不再具有独特性。爱慕虚荣的消费者喜欢购买限量供应的产品，远离大规模生产的商品。

对品牌来说存在一个风险，那就是品牌声誉可能会随着时间逐渐丧失，最终沦为折扣店的清仓货品。例如，拉夫劳伦（Ralph Lauren）如今可能倾向于将其商品摆在折扣连锁店 T.J. Maxx 和奥特莱斯出售。毕竟，短期内，它在这些折扣店卖出的价值 30 美元的衬衫可能比在纽约麦迪逊大道上的商店卖出的价值 5 000 美元的西服要多得多。也就是说，这样一来，消费者会将拉夫劳伦与 T.J. Maxx 联系起来，而不再联想到其原本的时尚风、学院风的形象。理论上而言，这就是为什么拉夫劳伦会有一系列的子品牌，但是太多个品牌对消费者来说太复杂了，难以分清。

奢侈品消费的负罪感

一般来说，奢侈品的消费者会有负罪感。例如，当人们用信用卡购买奢侈品背包的时候，也许会感到内疚，因为这是在透支消费。

或者，当他们想到不远处的街区有人还吃不饱饭，抑或是想到那个包包是由皮革制成的时，他们会觉得这就意味着自己杀了动物，这样的联想也会让他们产生负罪感。不过，当消费者将购买奢侈品视为体验的一部分时，他们似乎能够减轻这种负罪感。

炫耀性休闲的本质

体验是一种主观的经历，人们沉浸其中时主要产生的是情绪和感受，而不是理性。例如，当在海滩度假、喝马提尼时，人们会享受当下，而不会去担心信用卡账单上持续上涨的欠款数字。

拥有体验胜过拥有物品

随着婴儿潮一代的老龄化和年轻消费群体消费趋势的形成，消费者显然更愿意花钱买体验而非购买实体产品，尤其是千禧一代和 Z 世代似乎在抵制物质主义，对体验真实生活的需求则越来越大。事实上，市场调研公司哈里斯集团（Harris Group）的一项研究显示，72% 的千禧一代更愿意花钱买体验，而不是花钱买实体产品。这是因为他们绝大部分的美好回忆来自自己参与过的实际体验活动，体验能将他们与他人联系在一起。

炫耀性物质消费的趋势正在衰退，但凡勃伦所描述的炫耀性休闲活动的概念却正在蓬勃发展。在 Facebook、Instagram 和其他社交媒体平台的推波助澜下，人们向世界展示大量照片和视频，使自己的体验变得实际、有形。收集回忆并将这些回忆变成纪念品从未如此简单易行：智能手机里自带相机、摄像功能和图像处理应用程序，而且这些设备与软件的功能和性能更新换代速度飞快。

为了满足人们对于炫耀性休闲活动的需求，娱乐业创造了一些体验，唯一目的便是让人们只在社交媒体上传播。比如参观那些超感官刺激、适合 Instagram 风拍照的“庄园”、“工厂”和“博物馆”。

- 玫瑰葡萄酒庄园（Rosé Mansion）是一个以粉红葡萄酒为主题的、Instagram 风格的“游乐园”。那里鼓励游客做勇敢而独特的自己。
- 糖果王国（Candytopia）是一个“极具互动性的糖果仙境”。
- 彩色工厂（Color Factory）是一个充满参与性色彩装置的互动展览。
- 冰激凌博物馆是这类展馆的先行者，声称其冰激凌店将激发参观者的灵感，让参观者做最具创造力的自我。

所有这些地方都设计有 Instagram 风的拍照打卡地。鲜艳的颜色、巨大的海洋球池子和表情符号道具，都在吸引人们打开智能手机的镜头。

这些照片在社交媒体上以几乎实时的速度传播开来，它们证明了人们参观过了那些独特和令人向往的地方。人们的以下行为有效反映出凡勃伦关于炫耀性消费的社会学观点。

- **炫耀性休闲。**有的人正在工作，而有的人却有时间参观粉红葡萄酒庄园、躺在游泳池边，或在马里布享用早午餐。
- **炫耀性消费。**人们在社交媒体上发布的照片和视频可以成为参观某些地方的证据，并将无形的、时间有限的体验转化为有形的、永恒的纪念品。
- **扩大展示范围。**以前，人们只会向朋友和家人炫耀自己的新手提袋或新手表，而现在，人们可以向成百上千名粉丝展示自己的财富和拥有的物品。

关于这些社交媒体上展示的场所、汽车和船只是否真的属于发布者，这一点并不重要。重要的是，人们在社交媒体上展现了一种看似独特又迷人的生活方式。就像贝尔克描述的物质财富一样，这些体验承载的一种象征意义延伸到了人们的自我，提升了人们的自我形象。而科技和社交媒体助长了人们的炫耀性消费。

有所选择就要有所放弃

在产品或服务中做出选择时，总要考虑机会成本，即有所选择就有所放弃。选择在意大利餐厅用餐，就吃不了寿司；选择去佛罗里达度假，就去不了加利福尼亚州；选择参加这个派对，就去不了另一个派对。在做出选择的过程中，人们的满足感会减少，并产生消极情绪，进而会让人们心情不好，甚至影响人们全面考虑各种选项并做出明智决策的能力。

此外，人们总是在比较类似产品或体验之后才做出选择。比如在餐厅用餐，很少有餐点会糟糕到人们不得不直接离开餐厅。相反，人们通常会吃完一顿饭，然后告诉朋友们这家餐厅比起同类餐厅到底怎么样。过多的选项和比较会使人们的总体体验变得不那么满意。这就是心理学家巴里·施瓦茨（Barry Schwartz）所说的“选择的悖论”。[①] 太多选项会让人感到无所适从，而较少的选项则会减少人们的焦虑。在美国，拥有更多的选择在理论上给人们带来了更多的自由和自主权。但是施瓦茨的研究表明，人们在心理上并没有从中受益。这是因为一旦进行比较，

① 巴里·施瓦茨是美国知名心理学家，其著作《选择的悖论》中文简体字版已由湛庐引进，浙江人民出版社于 2013 年出版。——编者注

人们所做的一切都会受到影响。

打造令人痴迷的
品牌意义
BRAND HACKS

如何惊艳顾客、开展口碑营销

毫无疑问，在商品库存方面，线上供应商是最大的竞争者。如果你开了一家餐厅，供应寿司、比萨或咖喱，可是在线外卖平台 Grubhub 就可以全部提供给顾客。如果你开的是服装店，货架上有 12 件上装，可是亚马逊上就有12 000 种上装款式。再比如，你开的健身房有 20 台力量训练和有氧运动器械，配备三四名教练，而健身软件 MyFitnessPal 上就有超过 20 万种食物的营养信息和无限制订阅的锻炼方案。

为了惊艳顾客，你需要提供更少的选项，专注于你最擅长、最独特的、能产生口碑和引起社交媒体热议的商品。不要试图成为每个人的百宝箱。如果你经营的是一家餐厅，那就专注于为每套餐点准备五六个菜品，比如共享小食、开胃菜、主菜和甜点。芝乐坊餐厅（The Cheesecake Factory）是个例外，它可以提供超过 250 种菜品。只要你控制好自己的菜品选项和质量，人们就可能因为你家餐厅的蟹饼反复光顾，也可能因为好吃的巧克力舒芙蕾或你家著名的自制牛排酱慕名而来。

如果你是一家零售商，请精选出自己的特别版或限量版商品。所有零售商都在抱怨“先逛店后网购”（showrooming）的现象——人们在实体店里查看产品，最终却在网上购买。为了应对这一现象，干脆把你的店面打造成一个融合艺术、工艺和时尚的展示厅。事实上，新冠病毒感染疫情的大流行引发和强化了顾客的这一行为，他们越来越喜欢在线购物，对于实体店的看法也各有不同。将实体店改成展示厅的措施正是未来的发展趋势。

要给顾客提供 3 个选项：好、更好、最好。你的专业技能或专长应该用于为顾客匹配选项，引导他们选择最佳的产品组合，而不是让顾客尝试店内所有的产品。位于加利福尼亚州伍德兰希尔斯的谢莉音响店过去曾在店面展示 30 对扬声器和同样数量的接收器产品。现在，店里只展示少于10 对的扬声器和接收器，因为店家知道哪种接收器和扬声器的组合效果最好。而让顾客试听 30 对扬声器的效果，就像去星巴克点一杯搭配榛子、肉桂的抹茶 & 绿茶星冰乐一样毫无意义，毕竟星巴克提供 87 000 种左右的饮品组合。

达人营销，聚焦亲近可靠的特质

多年来，品牌方一直与演员、歌手、运动员和其他传统名人合作，让他们在广告中代言产品。而社交媒体的兴起和消费者对于商业广告的厌恶情绪使任何能够制作内容且拥有一定粉丝群体的人都有可能被捧为网红，在许多情况下，他们甚至会成为社交媒体名人。

人们关注网红是因为他们给人一种更容易接触的感觉，比起名人更真实，更有亲和力。社交媒体平台能让粉丝们与网红直接交流，拉近彼此的距离。此外，网红制作的内容似乎也比大制作的电视节目更真实，不做作。但这一切都是幻觉。如今，网红雇用团队来撰写和制作内容，他们常常被名声和金钱牵着走，变得和传统名人一样触不可及。

对品牌的营销人员来说，网红似乎是让那些不怎么看电视又不喜欢名人的受众了解产品的唯一通道。网红也认识到了自己对于品牌的影响力，现在他们的广告费甚至会比传统广告费高出 10 倍以上。有些网红还希望品牌方帮助他们开发和制作内容。然而事实上，许多网红往往无法兑现承诺，不能为其做背书的品牌产品带来流量和销售量。

作为对这种现象的回应，主流名人们开始努力与观众展开坦诚、亲近和私人化的沟通。乡村歌手、2005 年《美国偶像》（*American Idol*）冠军卡丽·安德伍德（Carrie Underwood）曾向公众讲述她多次流产的经历。Facebook 联合创始人、互联网企业家马克·扎克伯格（Mark Zuckerberg）吹响羊角号来庆祝新年。歌手兼词曲创作人格温·史蒂芬妮（Gwen Stefani）公开谈论了她与歌手加文·罗斯代尔（Gavin Rossdale）的离婚事件以及与歌手、电视名人布莱克·谢尔顿（Blake Shelton）的新恋情。尽管这些名人努力使自己看起来很真实，但其实对大众来说，他们仍然显得很疏远，因为他们的坦诚是精心安排过的。例如，歌手、词曲创作人兼演员费尔姬（Fergie）于 2019 年宣布与演员乔希·杜哈梅尔（Josh Duhamel）分手，但同时，她恰好也发布了自己的新专辑。

洛根·保罗（Logan Paul）是一位 26 岁的网红，因自己拍摄的滑稽视频而闻名。有时，保罗会向他的粉丝群“洛帮”（Logang）传授他的智慧。保罗和其他网红类似，通过展示一种理想化的生活状态而变得非常受欢迎。他的生活看上去离不开派对、汽车、私人飞机等关键词，还拥有非凡的经历。粉丝们通过他发布的 Vlog 间接地体验了一把网红的生活。网红们从自己位于纽约、洛杉矶或其他具有异国风情的豪宅中分享人生建议。

保罗的人生建议看似务实，实则相当肤浅，缺乏原创性。“人们常说生命短暂。今年我意识到生命并不短暂：你只是需要做更多事情。”保罗在他的 Vlog 中这样说道，并总结了他所经历的各种疯狂的事情，其中绝大多数都是他的粉丝没有经历过的。

在他的 Vlog 中，保罗站在洛杉矶市中心一幢高楼顶层的直升机停机坪上，配上些许神秘的背景音乐和慢动作的效果。

保罗向他的“洛帮”粉丝们给出了生活中最重要的 3 点建议：第一，要超越预期。为了给人留下深刻印象，应该多付出一些努力。第二，人生不设限。一切皆有可能，除非你自己认定不可能。第三，关注你的团队、你交往的人。确保他们在你负责的每个项目中都能全心全意地投入。

在一次又一次自我满足的时刻，保罗总结道：“我的目标是成为地球上最好的娱乐艺人，而疯狂的一点是，我只是刚刚开始。”

几天后，保罗发布了一段视频，他在日本的青木原树海发现了一名自杀者的尸体，并对着尸体大笑。尽管保罗并不是唯一一个传授人生建议的网红，但许多人认为他是最可悲的一个。

> 每个人都是自己想象中的英雄。
>
> ——卡夫卡，作家

特质 1，曝光频率高

人们越长时间地去浏览自己崇拜的网红发布的内容，就越有可能受其发布内容的影响。新加坡国立大学的助理教授蔡智英研究了女性对网红的忌妒心理。她的研究表明，当人们接触到网红的社交媒体内容时，会经历一种社会比较（social comparison）的心理过程。人们接触这些内容越多，自我意识就越强，就会越羡慕这些网红所描述的奢华生活。

在传统广告中，多次接触相同信息的消费者更容易记住宣传的品牌或产品。然而，如果他们频繁地看到广告，就会感到烦躁，因为广告会给人一种干扰和烦人的感觉。相比之下，喜欢使用社交媒体的人会选择关注网红发布的内容，他们不仅自愿接触这些内容，还在积极、主动地寻求这些内容。

特质 2，有亲近感

传统名人和网红在社交距离上也有所不同。人们觉得自己与网红的社交距离更近。传统名人给人的感觉更疏远一些，因为他们往往更受欢迎，不会过多地与粉丝分享自己的私生活。当传统名人为一个品牌代言时，人们更有可能回忆起品牌广告中的产品信息，并将品牌与名人的特质，比如可爱、有活力和值得信赖联系在一起。

相比之下，网红通过社交媒体记录个人的生活细节，因此人们感觉他们更容易接近。粉丝们就会更加关注网红及其代言的品牌。与传统名人不同，网红在各自的领域被视为专家，他们承担起了一种可信赖的顾问角色，因此就能极大地影响粉丝们的态度、信念和行动。

特质 3，给人一致性和归属感

2008 年，现代营销思想大师赛斯·高汀（Seth Godin）推广了“消费者部落”这一概念，意思是人类天生倾向于形成部落，部落里的人们彼此关联，其中有一位领导者，所有人拥有一个共同的理念。这个概念同样适用于今天的社交媒体世界。当人们关注一名网红时，就等于是加入了一个志同道合的社交群体。当网红推荐一个产品时，粉丝就会不由自主地考虑购买。通过购买同样的产品，粉丝也确认了自己在这个特定社交群体中的成员身份。

假粉丝现象

市场营销人员经常仅仅根据网红的粉丝数量来评估他们的价值。但是，所有的社交媒体平台上都充斥着假粉丝。Facebook 每个月会删除约 2 亿个假账号。X 也删除了几千万个账号，仅在 2017 年 5 月和 6 月就删除了 7 000 万个账号。社交平台这样做的目的在于清除机器人账号，从而在平台上建立用户之间的信任，与用户健康地对话。

网红和品牌方既是假粉丝的培养者，也是假粉丝的受害者。线上商业杂志 *Digiday* 报道称，使用广告或赞助标签的 Instagram 帖子中，超过 50%来自假账号。2018 年，分析公司 Point North Group 揭露许多品牌账号充斥假粉丝，欧舒丹（L'Occitane en Provence）有 39%的假粉丝，帮宝适（Pampers）有 32%，优色林（Aquaphor）则有 52%。榜首是丽思卡尔顿酒店公司（Ritz-Carlton Hotel Company），有高达 78%的假粉丝。

社交媒体的影响力不仅要根据影响范围，即粉丝数量来评估，还与品牌的亲和力以及品牌与粉丝之间关系的黏性度有关。换句话说，应该注重影响范围的质量，而不是粉丝数量。

网红的失败，别让虚假的完美定义自己

成为网红并不像人们想象的那样简单，要成为众人关注的焦点并不容易。

“我甚至不知道什么是真实、什么是虚假的，因为我让自己被那些不真实的东西所定义，”19 岁的埃森娜 · 奥尼尔（Essena O’Neil）在哭着回顾她成为网红的经历时说道，“对很多人来说，我成功了，因为在社交媒体上有 50 万人对我感兴趣。我被财富、名声和权力包围着，却也非常痛苦过，因为我让自己被数字定义了。”奥尼尔曾经认为，拥有更多的粉丝、点赞数和浏览量，她就会感到更幸福。然而她最终意识到，被人点赞并不是一种真实、纯粹的爱。

为了揭示社交媒体影响力的现实，奥尼尔决定重新编辑自己完美照片的标题：“这张‘偶然拍摄’的比基尼照好看吗？完全是摆拍的。收紧腹部，摆出有心机的姿势，而且我这天几乎没有吃东西。”后来，她解释说：“我只是想让年轻女孩知道这些照片并不是真实的。这是人为营造出来的完美。”

如何选择合作的网红

网红可以分为 3 类：尾部网红、腰部网红和头部网红。

1. 尾部网红的粉丝数从 500～10 000 人不等。社交网络、商业合作伙伴匹配平台 Linqia 的联合创始人兼首席宣传者玛丽亚・西普卡（Maria Sipka）指出，与前 1% ～ 2% 的头部网红相比，尾部网红拥有更高的粉丝参与率，约为 10%。确实，尾部网红能够以更个人化的方式与粉丝进行互动，也不太会受到假粉丝现象的影响。他们通常会花时间与粉丝进行一对一的互动。对于那些请不起像金・卡戴珊这样的名人的品牌来说，尾部网红的合作价格更加合适。

2. 腰部网红拥有 1 万～100 万名粉丝，但粉丝参与率较低。尽管如此，他们的影响力也要比尾部网红高出 10 倍，所以根据品牌不同的活动目标，腰部网红也可能是值得合作的。

3. 头部网红一般拥有超过 100 万名粉丝。尽管这些网红的影响力范围最广，但他们对普通人来说往往和好莱坞名人一样难以接触，因此其影响力实则较小，很讽刺吧？

如何聘请网红推广你的品牌产品

某网红营销机构的创始人布赖恩・萨尔兹曼（Brian Salzman）提醒品牌方，一个过于看重金钱的网红并不值得合作。对一些网红来说，同时代言很多品牌这件事很诱人，但如果他们这样做，也会变得不真实。作为品牌方，你应该多观看网红制作的内容，并挖掘出你的品牌与他们的深层连接。然后，你必须花时间与选定的网红交流，确保他们了解你的品牌理念。网红是否已经使用过你的产品？如果没有，你应该介绍他们认识你的产品生产方，让他们了解产品的制作过程。健康饮食网站 Clean Food Dirty City 的创始人、博主莉莉·库宁（Lily Kunin）强调，网红最终必须使用其代言的产品，这样才能看上去很真实。

最后不得不提一点，与一两个网红的一次性合作很可能会带来令人失望的结果。相反，你应该建立一个由二三十名网红组成的人际网络，而不要仅仅依靠社交媒体本身。

与其他所有营销工作一样，可以通过参与度指标（如点击率和转化率）和品牌健康指标（如品牌知名度、记忆度、好感度和购买意向）来综合判断网红营销的成败。只有综合衡量这些指标，才能确认网红营销是否实现了营销的既定目标，也就是是否推动了销售，以及消费者有没有对你的品牌产生正面、积极的情感。

不走寻常路，创造真实、新奇的体验

尽管人们会在社交媒体上炫耀自己的经历和体验，但关于旅行方面，人们主要是出于对探索和冒险的追求，而不是为了获得社会地位。这种追求引领人们不走寻常路，去参与真实的本地体验。我们已经厌倦了旅游指南和千篇一律的旅行团计划，希望通过摄影师和当地人的视角，以不同的方式了解新的旅游目的地。

品牌必须摒弃完美无缺的宣传册，允许无脚本的真实邂逅发生。《国家地理》杂志（*National Geographic*）、爱彼迎（Airbnb）和美国国际青年旅舍联盟（Hostelling International USA，HIUSA）就是结合探索、真实性和冒险来吸引受众的组织。充满知识和新奇发现的体验对游客来说更有意义。一些游客甚至将自己的旅行形容为改变人生的经历。

《国家地理》杂志，探索世界、倡导变革

我曾有机会与《国家地理》杂志的企业合作副总裁塔米·亚伯拉罕（Tammy Abraham）进行交谈。关于《国家地理》杂志的品牌，她提出了广泛的见解。品牌方希望与消费者建立联系的方式正在改变，他们希望的是一种更透明、更真实的方式。但许多品牌方在实际讲述自己的品牌故事时遇到了困难，因为他们不习惯这样做。亚伯拉罕透露，《国家地理》杂志原本就令人敬仰，而为了与时俱进，它迈出了巨大的一步，从一本杂志发展成为一家多渠道发行的出版商。从历史上看，读者很珍视《国家地理》杂志，把买下的杂志视为珍贵的财产进行收藏，并予以保护。尽管许多父母和祖父母一辈对它怀有极大的敬意，但它并不一定契合人们的日常生活。

对许多人来说，《国家地理》杂志本身就很有意义，因为他们是在杂志的陪伴下长大的。现在，《国家地理》杂志希望人们能够与其多多互动，并成为人们日常生活的一部分。过去，《国家地理》杂志会派记者去创作故事，杂志订阅者会在几周或几个月后在杂志上读到这些故事。如今，《国家地理》杂志希望它的粉丝能够身临其境地参与摄影师的工作，因为后者每天都在创作故事。在某种程度上，摄影师就是网红，他们

的帖子通过图片和标题为人们所看到的内容提供了丰富的肌理。亚伯拉罕说："图片令人们产生情感共鸣，而标题使人们关注故事本身。"

《国家地理》杂志的目标受众是现代思想领袖。他们关心世界，希望对世界产生影响。千禧一代和公司高管是订阅人数增长最快的两个群体。有一点很有趣，越来越多的千禧一代又开始喜欢看这本杂志了。《国家地理》杂志将这一现象归功于其在社交媒体上的影响力和创作内容的酷炫程度。

如果杂志和社交媒体是接触人群的渠道，那么《国家地理》杂志成功的核心是契合人们想要追求的意义和达到的目的。如果读者想要在生活中寻求意义，他们就会认同《国家地理》杂志的目的：资助探索世界、倡导变革的项目，让世界变得更美好。《国家地理》杂志还通过其"追逐天才"（Chasing Genius）的社交媒体平台展示了这一使命。在这个平台上，《国家地理》杂志为社群成员的小创意提供了巨大的发声机会。"追逐天才"这一挑战活动倡议人们提交一段关于改善世界的 1 分钟视频。这个活动促成了 1 000 多个创意的发布，赋予人们创造和分享这些想法的力量，比如改善淡水湖泊、帮助孤独症儿童或革新医疗护理制度。"追逐天才"的活动社群始终在背后支持着"拥抱无限可能"的理念。

传统观点认为人们集中注意力的时间会越来越短，然而《国家地理》杂志的数据显示，人们对长篇内容更感兴趣。亚伯拉罕说："真正的好内容会吸引人们一直看到结尾。"她还举了一个例子，证明了一段 90 秒视频的浏览量平均高于一段 30 秒视频的浏览量。

《国家地理》杂志的广告主越来越关注长篇叙事。为了使广告主的内容更具吸引力，《国家地理》杂志请摄影师和作家来创作故事，然后通过线上和线下媒体不断讲述这些故事。

为了提升品牌形象，耐克公司曾经找过《国家地理》杂志寻求合作，希望后者创作一篇关于打破马拉松世界纪录的故事。耐克公司希望自己选择的场景、海拔和训练方式都能在故事中一一呈现，所以他们邀请《国家地理》杂志的故事创作者前往选定的现场，为期一周创作长篇内容。《国家地理》杂志的摄影师制作了独特的视频和图片，并在社交媒体平台上进行了实时播放。这个故事在所有社交平台上的播放量超过 2.3 亿次。

当我问到她，《国家地理》杂志接下来有什么计划时，亚伯拉罕说："它将会让人们拥有更加身临其境的体验。"《国家地理》杂志在大学校园组织现场活动，并创办学校工作坊。它还提供由杂志聘请的专家指导的、带着目标的假期体验活动。《国家地理》杂志的标语"不要跟随，去探索"（don't follow, explore）充分体现了它想让人们拥有沉浸式体验的计划。

爱彼迎，满足人们对于探索的渴望

酒店只是出租房间，而爱彼迎则通过满足人们对于探索的渴望来帮助人们寻找生活的意义。它结合了算法的确定性和探访新地方、结识新朋友带来的不确定性，从而实现这一点。当人们使用爱彼迎旅行时，会感到自己是受到法律保护的，同时平台会帮他们对房东有足够的了解，让他们感到安全。这样的旅行解放了人们的思绪，让人们能够沉浸在结识志同道合的陌生人的生活中，享受其中的兴奋与乐趣。

爱彼迎的口号既巧妙又具有颠覆性。它向受众建议的并不只是旅行，而是“像当地人一样生活”的理念。连锁酒店一般默认展示无边泳池等设施的图片，而爱彼迎展示的是房东的照片，讲述房东和所出租房屋的故事。这样一来，爱彼迎的品牌更显人性化。爱彼迎并不参与成本昂贵且充满不确定性的酒店客户忠诚度维持计划，而是建立了一个租客和房东的社区，社区成员更像是反游客式旅游的旅行者。

爱彼迎将其核心受众定义为“勇于探索者”。最初，大多数勇于探索者是年轻的千禧一代，但现在已经跨越各个年龄群体和不同的地理区域。在美国，62% 的勇于探索者属于 X 世代[①]，而且他们有子女。这些游客认为当地体验和新的旅行方式是他们身份认同的一部分。传统导游拿着旗帜或者一把小伞努力让一众游客集中到一起，这些游客们一般都会把相机挂在脖子上。但现在，这种旅游方式已经过时了。勇于探索者不想和其他游客一起聚集在同一座纪念碑前。正如《国家地理》杂志建议的那样，勇于探索的游客不是追随者，而是探索者。

爱彼迎通过展现本地的热情氛围来满足游客的探索目的。它让游客能够住在一个真实的社区，享受一个真实家庭的温暖和舒适。当地的主人会教游客了解当地文化，探索新的社区，并鼓励他们尝试没吃过的食物。而且，爱彼迎的旅行指南是由当地人而不是游客或记者创建的。

爱彼迎正在发展成为与旅行和体验相关的一站式服务提供

---

① 指 1965—1980 年出生的人。——编者注

商，服务内容从机场接送、餐厅预订，到订购音乐会门票、滑翔伞飞行项目，当然还包括住宿。即使疫情给旅游业造成了打击，但是爱彼迎始终贴近用户、明确自己的使命并提供创新的服务，为线上租赁市场带来了持续增长的前景。

美国国际青年旅舍联盟，提供具有变革性的独特体验

HIUSA 的时任社区事务经理安娜・卢卡斯告诉了我该组织是如何接待、教育和联系来自世界各地的客人的。

HIUSA 起源于第二次世界大战后的一场草根运动。当时的目的是将来自不同地方的人们聚集在一起。HIUSA 在全美范围内运营着 50 家分店，旨在通过提供经济实惠的住宿，使人们的旅行成本变得可以接受。HIUSA 还提供教育项目，将国际游客与当地人联系起来，来发现和了解社区的文化和特性。与价格昂贵的爱彼迎不同，HIUSA 是一个非营利组织，旨在建立一个更宽容的世界，推动全球公民意识。

“住在青年旅舍的体验会改变你对世界的看法，”卢卡斯说道，“它传递了一种冒险精神，它激活了我，这样的体验能让你终生难忘。”住在青年旅舍的人有机会学习和成长，并将这种新的世界观带到自己未来的生活当中。

如今，人们为了完成某些里程碑式的目标，承担着很大的社会压力，比如毕业、结婚和组建家庭。“将这些社会规范和里程碑抛在脑后，是一件很有力量的事情。”卢卡斯说道。而 HIUSA 就能让人们实现这一点。

人们正在寻求有意义甚至具有变革性的旅行经历。“什么

能让体验更独特和充实？”我问道。卢卡斯回答：“那些你事先无法预料到的事情通常对你触动最深，会让你产生巨大的转变。它给你的体验增添了一种魔力。最深入的旅行体验会让人沉浸其中，以至于你会忘记拍照。”

从某种程度上说，人们已经开始被“教育”要追求有意义的旅行。旅行不仅是待在海滩上而已。人们追求有意义的旅行，那么社交媒体就发挥着两种作用。一方面，由于人们在社交媒体上看到他人的经历体验，这会使旅行变得更加容易进行，也更鼓舞人心。另一方面，社交媒体上的帖子和图片会让人产生情感共鸣。

尽管游客寻求意义和变革，但他们通过社交媒体始终保持联系的还是自己熟悉的人。总是在社交媒体上分享经历，这会削弱游客从旅行中获得的深度体验。在某种程度上，这样的游客追求体验是为了拍照，而不是为了真正地活在当下。

在许多方面，爱彼迎和 HIUSA 提供的旅行体验不仅独特，而且具有变革性。也就是说，这些旅行体验在人们回来后的很长一段时间内，还对人们的生活产生积极的影响，启迪人们的心灵。变革性旅行意味着走出舒适区，在身体、心理和情感上进行挑战。变革性旅行让人们自我反思，有机会与大自然、当地文化互动。尽管旅行的一部分可以事先计划，但变革性旅行还是为冒险、不确定性和意外相遇留足了空间。当你旅行回来时，你身上产生的积极变化也许是对自己和他人更有同情心，重燃对于生活的热情，或者是突然想通，想要改变职业路径。

品牌增长
必须知道的秘密
BRAND HACKS

- 越来越多的人更愿意花钱买体验而非实物产品。
- 人们会在社交媒体上通过即时展示自己的经历和体验来炫耀自己的财富并获得社会地位。科技和社交媒体将炫耀性消费的概念推到了极端。
- 网红比传统名人更有亲和力，因为社交媒体能拉近网红和粉丝的距离。对品牌方来说，这些网红是接触到千禧一代及后千禧一代的少数途径之一。

BRAND HACKS

HOW TO BUILD BRANDS BY FULFILLING THE CONSUMER QUEST FOR MEANING

第 6 章

策略 6，营造自由和掌控的感觉

- 人们希望在工作和娱乐时无拘无束，追求的是一种自由和掌控的感觉，不被任何形式的承诺所束缚。
- 品牌方必须允许消费者能随时加入或退出两者之间的关系。真正的承诺源于品牌与消费者之间的情感纽带，而非合同约束。

人们越来越害怕对任何事情做出承诺，这主要是因为人们有太多的选择要做。买什么产品、看什么视频、参与什么活动，或赴一场什么样的约会，这些选择经常使人们很困惑。因为选择越多，人们就越担心自己会做出错误的决定。

在日常生活中，朋友们在社交媒体上展示的精彩生活片段常常会误导人们，让人们总是忍不住思考自己当下拥有的是不是已经足够好，自己是不是应该有更多追求。然而，人们忘记了朋友们发布的这些内容，有许多都是经过精心策划和编辑的。

在工作方面，人们对雇主的忠诚度在下降，越来越不愿意接受那些没有成就感的朝九晚五的工作。在美国和西欧国家，大约有 1.5 亿人已经离开了稳定的工作岗位，加入灵活就业群体。终身雇用制和对工作忠诚的概念正在消失，因为人们越来越注重以下因素。

- 人们希望工作可以更灵活，可以随时赚钱，而且最好是自己能决定赚多少钱。这一点在新冠病毒感染疫情暴发后被放大了，导致数百万人转向这种新的工作模式。

- 人们希望从副业中获得成就感，满足自己的创业梦想，而不需要冒任何风险。
- 现在工作机会更多了，人们更换工作的频率比以往任何时候都更高。金钱往往不是做出改变的主要驱动力。人们不再甘心做大公司的螺丝钉，而更青睐那些能给他们发言权的雇主。

虽然人们借助科技可以每时每刻与同事、朋友保持联系，但在现实世界中，人们面对面的时间却减少了。我们慢慢变得害怕人际交往，拒绝做出任何形式的承诺。在现实生活中，要将一件事拖入回收箱或“左滑”删除某人并不容易。

就像对待朋友和雇主一样，人们也不太愿意与品牌和产品绑定。2021 年的美国，在道路上行驶的汽车三分之一是租来的，而 2003 年这一比例只有 16%。一站式健身预约平台万馆达（ClassPass）让人们能以固定价格参加一系列健身俱乐部课程，自称可以让人们成为有史以来最灵活的健身会员。时尚电商 Stitch Fix 是个人造型服务商，它会给顾客寄送衣物，而顾客只需要为决定留下来的衣物付款，不想要的衣物可以免费寄回。

T-Mobile 引领“去运营商革命”

意义驱动的高增长品牌

2013 年，跨国移动电话运营商 T-Mobile 前首席执行官兼总裁约翰·莱格雷（John Legere）宣布，他的使命是“终结一个愚蠢、傲慢和破碎的行业”，打破电信行业的常规做法。

在他的领导下，T-Mobile 引领了“去运营商革命”，使消费者从与服务商的绑定中解脱出来。在此之前，大多数手机、语音和流量数据套餐的销售都要绑定 2 年的合约期，解约费高达 350 美元。T-Mobile 取消了这类合约，也不再对购买手机的消费进行补贴，允许消费者按月支付套餐费用，没有任何其他附加条件。结果显而易见。截至 2018 年第一季度，T-Mobile 的用户数超过 7 400 万，而 2013 年这一数字只有 3 300 万。

借助自由职业者的力量

你可以在上班时间走进一家咖啡店，试着找一张空桌。除非你非常幸运，不然很可能需要等待。咖啡店、时尚酒店和其他公共场所已经成为自由职业者、灵活就业者和副业者的“办公室”。专业人士正在从传统的职场规则和限制中解脱出来。自由职业者等群体现在也是零工经济的一部分。零工经济下的工作方式是，人们会做临时工作或完成各种来源的任务，而不仅仅为一个雇主工作。如今，美国有数百万人要么作为个体独立接活赚钱，要么成立了自己的公司。实际上，过去 10 年左右，美国的所有新增岗位中有 94% 都是自由职业或兼职工作。总的来说，独立承包人现在占据了美国劳动力的三分之一以上。

“工作”的定义在不断变化

国际劳工组织对未来的工作和社会发展进行了思考，强调了工作的价值及定义的变化。尽管大多数人为了生存而工作，但他们也受到强烈的文化和心理因素的驱动，还是需要更有意义的生活。对一些人来说，工作是生存的手段；而对其他人来说，工作可能是选择一种生活方式。自由职业者经常宣扬自己的工作与生活达成了平衡，他们有自主选择工作事项的自由，能不断学习新技能、结识新朋友，从而获得成就感。不同规模的公司都在雇用自由职业者，不仅因为自由职业者的技能和声誉质量高，也许最重要的是因为他们的灵活性。

灵活性常伴随着不稳定性。因为自由职业者需要不断寻找下一个工作项目，必须花费时间、金钱和精力推销自己，却无法确知何时能迎来下一个零工机会。诸如优步、Fiverr 和 Upwork 之类的零工经济平台，在为自由职业者匹配工作的同时通常会收取高昂的佣金。然而，由于可雇用的自由职业者比工作项目多，往往会导致市场价格被压低，因此，自由职业者的收入就会下降。

总的来说，当自由职业者不一定会带来名利，但它满足了美国梦的另一个核心宗旨：做自己的老板。

打造令人痴迷的
品牌意义
BRAND HACKS

如何利用自由职业者的力量

自由职业曾经被视为不光彩的，会让人想起穿着睡衣在家工作的老套场景，但现在自由职业者能帮助品牌方获取新客户和招聘新员工。关于品牌如何利用自由职业者的力量，这里有 3 条建议。

1. 自由职业是一种思维方式，而不是人口统计学上的一个群体。如果品牌方希望与自由职业者合作，就必须用与这些自由职业者的心态相一致的信息来吸引他们，比如自由、灵活和成就感。品牌方还必须创造有用且鼓舞人心的内容，体现品牌的使命，同时精心选择媒体投放位。

2. 解决自由职业者在功能和情感上的痛点。为了吸引自由职业者，品牌方应该努力解决他们在产品功能和情感上的痛点。具体可以通过以下方式来实现。

一是开发便于自由职业者日常生活的产品，使之符合他们作为独立、灵活的专业人士的生活方式。仔细思考一般办公室工作人员随时可用的服务，比如沟通交流平台、邮寄业务、健康和保健业务等，并围绕自由职业者做出调整。

二是为自由职业者提供社区参与感和归属感。尽管如今开发出了那么多可扩展的先进技术和全球协作方式，但人们还是需要从近距离的人际交往中找到慰藉。品牌方要帮助自由职业者互相认识。

3. 吸引人才。云计算、视频会议和其他先进技术使自由职业者和客户之间能够无缝协作，使品牌可以在全球范围内获得人才。在最开始，品牌方可以通过委托小型项目来了解自由职业者的工作方式。比如，委托制作急需的销售方案演示文稿，或者设计一个微型网站。

开展副业逐渐成为一种潮流

根据 2017 年的一项调查，美国 50% 的千禧一代和 24% 的婴儿潮一代都有副业，他们除主业之外，还有其他收入来源。副业的例子包括为第三方配送服务公司 Postmates 送餐，为共享交通平台 Bird 回收租出去的电动滑板车，为优步和来福车（Lyft）开车。虽然有些人是迫于生计而做这些副业，但对其他人来说，副业满足了他们的激情，也有助于实现他们追求的成功、财富和名声。对一些人来说，副业意味着去教瑜伽、做自由摄影师或网站设计师。而对其他人来说，副业可以更具创业精神，比如在易贝（eBay）上开设二手奢侈品服装店，开一个婚庆、生日蛋糕烘焙坊，或者经营一辆餐车。有些人做副业是出于抱负和对梦想的追求，他们试图成为编剧，创作自己的作品，或者成为一名网红。

做副业有两大好处。第一，它能增强自尊心。副业者通过做自己喜欢的事情和可以自己掌控的事情，远离繁重的日常工作，从而获得成就感。美国的企业环境可能会让人感到沮丧，因为充满了官僚主义和办公室政治。公司的工作通常会让人感觉很死板，尤其是对于千禧一代，他们寻找的是激情和无限可能性，而这两者在大公司中很难找到。工作晋升可能需要数月甚至数年的时间，这对于那些追求即时满足的一代人来说是难以接受的。

第二，做副业既能让人感到自由，又无须失去经济上的稳定性。副业者可以发挥创造力，解决问题并学习新技能，所有这些都将成为他们核心身份的一部分。然而，对雇主来说，当员工无法专注于主业时，就可能会带来问题。例如，员工因为熬夜做设计商标的副业而导致上班迟到、无精打采，甚至更糟的是，有些员工在上班时间做副业。

做由使命驱动的品牌

人们经常会因为购买了并不需要的产品和服务而有负罪感。因此，人们开始倾向于通过自己相信的和支持的事业来定义自己，而不只是看重自己拥有或想要什么。为了消除负罪感，人们通过对周围的世界产生积极的影响来寻找自己的使命。消费者已经对俗气的广告和花里胡哨的营销策略感到厌倦，他们渴望购买能体现积极态度的产品。

在《使命经济》（*The Purpose Economy*）一书中，阿伦·赫斯特（Aaron Hurst）将使命定义为“通过为自己和他人创造有意义的价值，使人们拥有丰富而充实的事业和生活”。赫斯特认为，信息经济正在慢慢被使命经济所取代，在使命经济占主导的社会中，员工受更高的使命所驱动，它们超越了创造财富、提升工作效率和生产力的诉求。赫斯特的观点源于管理大师彼得·德鲁克，德鲁克早已提出了使命驱动型企业的概念。在德鲁克看来，企业需要有一个存在的理由，一个超越竞争的更高的使命。

巴塔哥尼亚，以环保为终极使命

巴塔哥尼亚的品牌使命是：制造最好的产品，不造成不必要的伤害，并利用商业来实施解决环境危机的方案。巴塔哥尼亚的品牌立场是：人们应该考虑消费主义对环境的影响，鼓励人们只购买自己需要的东西。

巴塔哥尼亚还发起了一个倡议，鼓励人们回收、修复和重复使用产品。在“黑色星期五”的广告中，巴塔哥尼亚甚至告诉消费者不要买夹克来响应日益增长的反消费主义趋势。

另外，巴塔哥尼亚支持全球超过 1 000 个基层环保组织，并曾将销售收入的 1% 捐赠给环境保护和修复项目。

帮助消费者打破算法限制

2016年11月,《牛津词典》宣布“后真相”(post-truth)为年度热词。后真相的定义是“在塑造公众观点的过程中,客观事实的影响力不如情感诉求和个人信仰”。我经常提醒我的学生,在营销中,感知就是真理。最近,这种思想已扩展到政治和信息传播领域中。人们被来自社交媒体平台X、广播电台主持人、记者和所谓专家的嘈杂信息所淹没,无法从扭曲的事实和赤裸的谎言中分辨出真相。2021年爱德曼信任晴雨表(Edelman Trust Barometer)① 显示,人们对领导者、社会机构和媒体的信任度处于历史最低水平。

可以说,人们都是自己的社交图谱和过滤气泡② 的囚徒。社交图谱是Facebook首创的术语,描述人们线上线下的关系。社交媒体平台设计的算法控制着人们的社交图谱,通过算法有选择地推算人们应该关注谁以及应该关注哪些信息。

为了获取信息使用的搜索词和平台使用的复杂算法让人们将自己置

① 爱德曼公司每年在世界经济论坛开幕期间推出的反映世界各国民众对政府、媒体、企业等机构的信任指数的报告。——编者注

② 过滤气泡是社会活动家兼作家伊莱·帕里泽(Eli Pariser)在他的著作《过滤泡》(*The Filter Bubble*)中提出的概念。他认为对于社交网络的依赖会影响人们的世界观。人们在网上冲浪所处的信息世界,是由一系列个性化的过滤器为网络用户构造出来的独特环境,而这些过滤器盛行于互联网。过滤气泡是指基于大数据与算法推荐为底层架构,根据用户的使用时间、地区以及浏览习惯生成用户画像,并通过算法技术为用户呈现独一无二的界面体验。简单来说,这种针对个人化搜索而提供筛选后结果的推荐算法,就是过滤气泡。——译者注

于一个过滤气泡中，使自己与那些和自身所持的现有观点、思想、文化相对立的信息隔离开来。我们越是用鼠标点击和“点赞”来“喂养”算法，这些算法就越容易刻画出我们自己的形象，逐渐将我们困于一个镜子屋中。在后真相时代，人们倾向于阅读那些能安慰自己并强化自己偏见的资讯，而不是那些能打开思想，令自己接受新的观点和意见的信息。总的来说，算法似乎给人们提供了大量选项，但实际上却限制了人们的选择，擅自决定了一个人应该是什么样的。

履行使命，同时产生影响

2016 年，有些人利用 Facebook 和其他社交媒体平台传播关于即将到来的美国大选的虚假信息。与此同时，数据咨询公司剑桥分析使用从 Facebook 非法获取的一些数据来建立和维护选民的个人档案，这一行为引起了全球用户的愤怒，Facebook 至今还未从该事件中完全恢复过来。

现在，越来越多的消费者会基于品牌在某个问题上的立场来选择购买或抵制，品牌方也感到了压力。美国广告协会曾对基于价值的营销进行了一项研究，67% 的广告公司报告说，由于美国人价值观的改变，它们的广告客户对基于价值的营销和企业责任更感兴趣。

耐克坚持立场，强化品牌使命

2018 年 9 月，耐克与旧金山 49 人队（San Francisco 49ers）四分卫球员科林·凯珀尼克（Colin Kaepernick）签约。在此之前，凯珀尼克曾因演奏美国国歌时在球场单膝下跪，抗议种族歧视和警察暴行，断送了自己的 NFL 职业生涯。耐克在 NFL 赛季揭幕战期间发布了一则广告，广告内容引用了凯珀尼克的抗议行为，用凯珀尼克的声音说出了“要相信一些事，即使会牺牲一切”。这则广告引发了很大的政治骚动，一些人点燃了耐克运动鞋，一些人则身穿耐克服装表示忠诚。许多人可能会认为，因为采取与时任美国总统特朗普对立的政治立场，耐克损失了 1.5 亿人的潜在市场，而这一数字是美国人口的一半左右。但是，耐克已经与消费者建立信任 30 多年了，所以这则广告只是它最新的一次叛逆之举。

这是冒险之举吗？事实上，耐克本来就是一个在政治上有些两极分化的品牌。偏向左派的品牌还有《纽约时报》、星巴克和 CNN，偏向右派的品牌有特朗普酒店、福克斯新闻台和棒约翰（Papa John’s)。不管怎么说，耐克的立场强化了自己的品牌使命，通过广泛的媒体报道增加了曝光度，提高了品牌在市场上的知名度。

倾听女性的声音

近年来，职场和整个社会中的女性地位有了很大的进步，而且在持续变好。近期，有很多决定性的时刻和人物促进了女性地位的提升。在我心中最突出的事件是谢丽尔·桑德伯格（Sheryl Sandberg）的书《向前一步》（*Lean In: Women, Work, and the Will to Lead*）的出版，以及哈维·韦恩斯坦（Harvey Weinstein）的丑闻曝光。《向前一步》指导女性如何在男性主导的职场中取得胜利，2018 年左右，它已经卖出了超过 400 万册，现在平均每个月仍然销售约 1.25 万册。这本书成了一种文化现象，催生了“向前一步小组”的诞生，该小组旨在帮助女性一起讨论如何将该书的理念应用于实际。

韦恩斯坦的丑闻首次于 2017 年 10 月在《纽约时报》和《纽约客》杂志上曝光。这两家媒体报道，韦恩斯坦被数十名女性指控强奸、性侵和性虐待。自那时以来，数千名女性站出来谴责职场中位高权重的男性那些不适当的侵犯行为。数百名高级管理人员因此被解雇，公司政策得到强化落实，公司内部也成立了监察团体，而这一切都是因为爆出的韦恩斯坦丑闻。

护舒宝广告《像女孩一样》

包装消费品（consumer packaged goods，CPG）市场竞争激烈，女性卫生产品的竞争也不例外。宝洁公司的护舒宝品牌需要吸引下一代消费者，以抵挡来自竞争对手的威胁，因为后者正不断取得千禧一代女孩的青睐。

护舒宝宣传的信息一直专注于产品的功能性优势，而这本身就是一种恶性竞争。“护舒宝比你实际需要的能多吸收 6 倍流量。”谁说的？有没有临床研究？为什么不是 5 倍、7 倍？有的消费者可能会问：“明明不需要那多出 5 倍的吸收量，为什么要多收我 5 倍的钱？”有没有其他品牌可以相同的价格吸收 7 倍？所以这样的宣传毫无意义。

护舒宝需要一个对于年轻女孩更有意义的概念，为品牌建立起新的认知：自信心。

广告公司李奥贝纳（Leo Burnett）加拿大分公司前首席执行官和首席创意官朱迪·约翰（Judy John）说：“女孩们

在青春期第一次接触护舒宝，那时她们感到尴尬和不自信，所以也是向女孩们展示品牌使命和给予她们自信心的关键时刻。”由李奥贝纳进行的研究显示，超过一半的女性在青春期自信心会下降。“像女孩一样”这样的形容，长时间以来都被认为是贬义的。护舒宝就是要改变这句话的含义，使其成为一句有关自信心和赋权的表达。

护舒宝广告片《像女孩一样》（*Like a Girl*）是一段视频，记录了人们是如何理解“像女孩一样”这句话的含义的。围绕这个视频开展的宣传活动传达了激励女性的主旨，强调“像女孩一样”应该是一个有力且意义深远的表述，女孩们应该会喜欢它。这段视频在 150 多个国家的播放量超过 8 500 万次。护舒宝不再只是一个女性卫生产品的品牌，它已经成为为女性赋权的品牌之一。

实践品牌使命须谨慎

拥有使命并不是适合所有品牌的策略，而只适用于某些品类和信仰真实性的公司。像《国家地理》杂志这样的品牌就是围绕强烈的使命创建的。《国家地理》杂志的使命之所以令人信服，是因为它建立在一个基本信念之上，即讲科学、讲故事和主动探索可以改变世界。其他品牌也可以采用可信、可靠的使命。沃尔格林（Walgreens）是美国最大的连锁药店品牌之一。它通过保持供应商多样性、负起环境责任、提供社区服务和开展拓展活动来支持本地社区。

还有一些品牌提出的使命却无法令人信服，甚至听上去很虚伪。巴塔哥尼亚欧洲市场营销总监亚历克斯·韦勒（Alex Weller）说："你不能通过市场营销去逆向寻找使命和价值观。那些首先考虑市场营销的组织很难找到适合自己的使命和价值观。"

市场营销专栏作家和前市场营销教授马克·里特森（Mark Ritson）总结道："消费者希望品牌拥有使命吗？有时候是吧，但只限于某些品类。这个问题的答案也取决于品牌公司是如何去做的。大部分时间里，消费者并不关心品牌使命是怎样的，而且大多数细分市场中的消费者并不愿意为此支付额外的费用。"以下是一些令人讨厌的、在虚假使命引导下的营销活动例子。

- 鼓励客户办理无纸化业务、为环境保护做贡献的银行。这些银行关心的只是降低打印和处理银行对账单的成本。
- 有些酒店会在品牌使命中教育顾客为地球做好事，要求顾客重复使用毛巾来节省珍贵的水资源；或者如果顾客不要求打扫房间，做出"绿色选择"时，就额外奖励顾客 500 积分。请注意，劳动力成本和洗衣费用可高多了。
- 在百事可乐的广告中，肯德尔·詹娜用一罐汽水就阻止了骚乱，这可能是真的吗？

品牌增长必须知道的秘密
BRAND HACKS

- 消费者希望在购买产品之前先试用，并且希望随时可以选择不买。成功的品牌会提供按需付费的选项，允许消费者免费试用或退货，而不会用合同约束他们。

- 自由职业者为品牌提供了一个新的机会。品牌可以去满足自由职业者的特定需求，吸引人才，或与共享办公空间进行合作。
- 人们通过对周围的世界产生积极的影响来寻找自己的使命。
- 拥有使命并不是适合所有品牌的策略，而只适用于某些品类和信仰真实性的公司。

BRAND

HACKS

第二部分

为品牌注入社会意义

BRAND HACKS

HOW TO BUILD BRANDS BY FULFILLING THE CONSUMER QUEST FOR MEANING

第 7 章

策略 7，用故事演绎品牌魅力

- 手机拍照和 Instagram 滤镜功能使所有人都能讲述自己的故事，人人都可以成为充满魅力的“导演”和“演员”。
- 品牌营销人员必须营造出稀有的、理想化又神秘的氛围来浪漫化消费者的体验。

神秘感是强大的营销策略

人们会用讲故事的形式从周围世界中寻找意义。当人们认同故事中的角色和情节时，就会在这些故事中看到自己的影子。于是，人们也成了故事中的主角。讲故事也能为人们节省时间，因为故事方便人们记忆，为人们提供所需的信息。

消费者将产品和服务作为道具来演绎自己的故事。通过消费这些道具，他们能够扮演自己心中的英雄或者那个理想化的自己，由此提高幸福感。喝一杯奈斯派索（Nespresso）胶囊咖啡，你就是乔治·克鲁尼（George Clooney）了[①]。驾驶吉普车，你会感觉自己像个流浪探险家（尽管大多数越野吉普车从未开过泥泞地）。穿上路铂廷（Louboutin）的高跟鞋，你会感觉自己性感又美丽。人们会将人类的特质投射到产品上，反过来，又会把产品的特质投射到人们自己身上。

---

① 演员乔治·克鲁尼曾是奈斯派索胶囊咖啡的品牌代言人。——编者注

对于品牌而言，讲故事的形式使原本枯燥乏味、令人看不懂的产品特性描述显示出活力和条理性。以麦片品牌 Kashi 为例，Kashi 的使命是用对植物的热情来滋养人类和地球。当你用 Kashi 麦片烘烤健康的浆果松饼时，Kashi 就是在将大自然馈赠的原料做成美味，融入人们的食品中。

如果 Kashi 只是列示出麦片中的成分，会怎样呢？全谷物燕麦（到目前为止听起来还不错）、小黑麦（一种小麦和黑麦的杂交品种，听起来很奇特）、压榨菜籽油（开始变得不那么吸引人了）、用于保鲜的混合生育酚（如果是为了保鲜，那我想还可以……）和其他十几种不知道怎么念的成分（这听起来更没那么吸引人了）。

美元剃须刀俱乐部的爆火

意义驱动的高增长品牌

美元剃须刀俱乐部（Dollar Shave Club，DSC）的创始人通过一段视频，宣称可以将优质剃须刀送货上门，并且列举了这样做的好处，自此开启了业务。诚然，DSC 成功的原因有很多，比如其颠覆剃须刀行业的商业模式、便利性、价格等，但一切都始于一个名为《我们的剃须刀真好用》的精心安排的故事。

DSC 的创始人、原脱口秀喜剧演员迈克尔·迪宾（Michael Dubin）曾在纽约市的正直公民旅剧院（Upright Citizen Brigade Theatre）学习。迪宾用 4 500 美元的预算制作了这段视频。这段视频的播放量已超过 2 700 万次。请试着回想一下，你还记得其他剃须刀品牌的什么信息吗？刀片数量，芦荟胶条，人体工程学手柄？

人们喜欢做白日梦和幻想

心理学家保罗·布卢姆（Paul Bloom）指出，美国成年人每天超过 4 小时在做白日梦和幻想，沉浸在自己想象的世界中。在《欲望的新科学》（*How Pleasure Works*）① 一书中，布卢姆指出："人们主要的休闲活动是去参与那些自己明知不真实的体验。"这是一种典型的浪漫主义姿态，因为浪漫主义者总是希望自己身在别处，置身于想象的世界中，获得浪漫的体验。

消费者不断地依赖产品的符号属性来构建自己渴望的现实生活，而不仅是简单地考虑自己所知的真实情况。人们会浏览海滨酒店、异国度假村、高级定制服装的图片，但是可能永远都负担不起这类消费。即使这一切都是幻想，人们还是会觉得它们是真实的、可实现的。

人们还会通过购买一些高价日用品来做白日梦，体验他人的奢华生活。例如，有一把售价 24.95 美元的木柄意面叉子，起初你可能认为这个价格太高，是你愿意花在意面叉子上的费用的 10 倍。那么想象一下，名厨兼作家贾达·德·劳伦蒂斯（Giada De Laurentiis）正在阳光明媚的南加利福尼亚州海滨厨房里翻炒新鲜的意面，她的女儿从海滩上跑回来吃午餐，拿起的就是同款意面叉子。这么一想，是不是就觉得这叉子值 24.95 美元了？

---

① 耶鲁大学心理学家、数百万人观看的心理学公开课主讲人保罗·布卢姆重磅力作，揭秘喜好和品味的力量。该书中文简体字版已由湛庐引进，中国纺织出版社于 2023 年出版。——编者注

如何为品牌创造一个好故事

出现频率要高

人们一旦发现新事物，似乎会觉得它从此无处不在。这样的现象被称为频率错觉（frequency illusion）或巴德尔 - 迈因霍夫现象（Baader-Meinhof phenomenon）①。所以，人们接触一个品牌或产品的次数越多，对它的认知和熟悉程度就越深。但是，单纯地在网站主页或广告牌上露出商标还不够。为了使品牌、产品具有说服力，提升传播度，品牌需要一个故事。

故事要有个性

当人们创作、阅读或回忆故事时，会倚重于特定的原型来帮助自己理解、记住，并与故事和角色产生共鸣。原型是指文学和文化中反复出现的原始模式或主题。原型不是后天可习得的，它们与生俱来，就像 DNA 一样根植在人们内心深处。瑞士精神分析专家卡尔·荣格在 20 世纪初提出了 12 种原型。后来，在 20 世纪 30 年代末，出生于维也纳的美国心理学家欧内斯特·迪希特（Ernest Dichter）将这些原型应用于产品销售领域。自那时以来，学者和创作者（如作家、编剧、文案）中都发现了其他原型。以下是一些最突出的原型，有助于为品牌赋予个性。

- 英雄。展现胆量和勇气。英雄挺身而出对抗坏人并取

① 一种认知偏见，指在第一次注意到某一事物后，会更频繁地注意到它，产生它经常出现在眼前的错觉。——编者注

得胜利。迈克尔·乔丹就是耐克的英雄。

- 反英雄。这是令人们爱恨交织的角色。反英雄人物会搞破坏，造成伤害，但又会以一种古怪的方式让人们喜欢上它。比如职业摔跤手胡克·霍根，他代言过乳腺癌防治组织苏珊·科曼基金会（Susan G. Komen For The Cure）以及家居家电租赁平台 Rent-A-Center 等。
- 情人。一个浪漫的角色，喜欢沉浸在感官愉悦和爱情中。《007》系列电影中的詹姆斯·邦德有时候就是一个情人，尽管他还有罪犯和英雄等其他原型属性。丝芙兰、香奈儿和绝对伏特加等品牌就是利用了这种原型。
- 叛逆者。打破规则，挑战现状的角色。电影《谍影重重》中的主角杰森·伯恩（Jason Bourne）就是一个叛逆者。摩托车品牌哈雷戴维森（Harley-Davidson）也是这个原型的典型代表。
- 智者。最重视知识，能提出经得起时间考验的建议。电影《星球大战》中的绝地武士欧比旺·克诺比（Obi-Wan Kenobi）是一个智者。在品牌塑造方面，《国家地理》杂志则是这个原型的典型代表。
- 掮客。展示权威，力争统治世界。埃隆·马斯克经常展现出掮客的特质。在品牌塑造方面，CNN 的定位为“最值得信赖的新闻品牌”。

保持神秘感

在市场营销中，神秘感是根据 3 个维度来编织的：有形的、无形的和时间性。

- 产品的有形元素指的是所有可以触摸和量化的东西，比如颜色、大小、规格。
- 无形元素不能触摸，也很难量化。在《哈利·波特》系列中，布鲁姆斯伯里出版社（Bloomsbury）对即将出版的图书的书名和情节做了保密。作者 J.K. 罗琳拒绝接受采访，印刷商也被要求保密。
- 时间维度指的是直至产品发布日期之前的时间安排。

市场营销人员可以根据产品、目标市场和竞争对手，决定是否应用这 3 个维度中的任何一个。

利用隐蔽策略

假设你的顾客过去对于你的品牌有过积极的体验和感受，那么当你即将推出一款神秘产品之际，就会触发乐观偏差（optimism bias）①。也就是说，顾客对即将推出的产品有更高的期望，他们很可能还会选择你的品牌，甚至不会考虑其他竞品。体验型产品的公司经常在新产品上使用隐蔽策略来使消费者更加兴奋，让消费者更忠于品牌。例如，一个时装品牌在发布新款手提包时，可能不会在广告活动、网站或商店中做推广，而是让模特在 T 台上携带这款包，向邀约的特定记者和富裕的客户展示新产品。这款包在传统的品牌营销宣传中难以找到，这件事本身就能在媒体和时尚圈引起轰动。时尚达人很快就会拥向商店购买这款手提包，并在朋友圈和社交媒体上炫耀，从而提高品牌知名度。需要注意的是，隐蔽策略并不仅限于昂贵的商品。时尚设计师马克·雅各布斯（Marc

① 指个体在评估未来事件时过度乐观的心理倾向。——编者注

Jacobs）曾经将部分店面改造成普通军用商店的样子，来推广售价 59 美元的复古军大衣。这一营销举措最初的目标只是那些能认出店面的“知情人士”，也就是品牌忠诚度高的客户。后来，这些大衣很快成为时尚热点，甚至登上了《纽约时报》。

如何讲述一个秘密故事

从战略性角度去思考讲故事的方式，会使品牌的秘密在市场上产生最大的影响。

- 传达产品制作过程中的秘密。
- 透露关于这个过程的线索，但不要全部揭示出来。
- 用一个故事来包装秘密，讲述它是如何开始的，是如何与浪漫、激情的情节或历史事件联系在一起的。

皮革制品制造商爱马仕最初用棕色作为其商标颜色。而在第二次世界大战期间，纳粹占领巴黎时，爱马仕第三代继承人埃米尔－莫里斯·爱马仕（Emile-Maurice Hermès）根本采购不到任何染料，更不用说棕色染料了。后来，他采用了橙色，因为这是他唯一能找到的染料颜色。如今，这种颜色被称为“爱马仕橙”。

1956 年，在一次公开露面中，女演员格蕾丝·凯利（Grace Kelly）为了不让媒体拍到自己怀孕了，提着一个大号爱马仕包做遮挡。这张照片在全世界流传。20 年后，爱马仕正式将这款包命名为“Kelly”。直到今天，产品描述仍然会提到这个神秘事件：“您是否正怀有身孕，但又不想显露出来？这款包包可以将您的小肚腩优雅地隐藏起来。”

制造神秘感和悬念

留足悬念能让人们更有参与感，吸引人们去主动发现。在营销中，想要为品牌增添神秘感，就要隐藏产品的某些元素，让消费者自己去揭晓。请记住，当神秘感能让消费者主动想去与品牌互动，而又不会让他们提前发现事实时，影响力最大。

可以不时地透露即将推出的产品的一些音频和视频来勾起消费者的兴趣。还可以通过预告片慢慢培养消费者的好奇心，持续吸引他们的注意力。在理想情况下，最好引导消费者去推测接下来会发生什么。

《广告狂人》中的角色唐·德雷珀就是应用神秘感的典型例子。在每一集中，观众都会了解到关于唐·德雷珀更多的信息，包括他矛盾的人格和神秘的过去。一个好的悬念能让粉丝们每周都想看下一集，因为每集都有出人意料或让人不安的提示。

你可能还记得啤酒品牌 Dos Equis 的广告片《世界上最有趣的人》（*The Most Interesting Man in the World*）。在该广告片播放的10年时间里，Dos Equis 慢慢地揭示了关于片中主角的信息：蚊子出于尊重不会咬他，他靠自己就过得很滋润，他的 2 分钱值 37 块零几毛[①]……人们会在互联网上搜寻更多关于他的信息，从而在这个人和这个品牌之间建立起了联系。这样的营销使销量明显增长。虽然美国啤酒市场的整体销量已经连续多年下降，但 Dos Equis 在 2008—2013 年的销售额增长了 116.6%。

---

① 这个说法源自美国的一个俚语：某人的意见只值 2 分钱，意思就是其意见价值不高。文中提到的这个人的意见非常有价值，所以说他的“2 分钱”值 37 块零几毛。

创造神话般的秘密

从字面意义上讲，神话就是关于英雄或超自然存在的故事。想要打造品牌和形成产品溢价，一个神话般的秘密具有很高的营销价值。神话般的秘密通常比现实中所谓的秘密更神秘，因为只要在网上搜一下就能揭晓后者的答案。

以已故的法国名厨若埃尔·罗比雄（Joël Robuchon）为例，罗比雄凭借独创的土豆泥在国际上树立了声誉。这道菜的做法在坊间被传为一个秘方，但实际上网上到处都能查到，甚至还有罗比雄本人的视频演示。

《哈利·波特》系列的出版商布鲁姆斯伯里出版社提出了拒绝式营销（denial marketing）这一说法。人们越想了解下一本书的详细信息，布鲁姆斯伯里出版社提供的信息就越少。每次新书出版前，布鲁姆斯伯里出版社只会发布一些零碎的信息，甚至在新书上架前几个小时才公布书名。

当消费者无法立即获得想要的产品时，就会更加想要得到它。如果品牌方告诉消费者这是一个秘密，他们就会更加渴望知道答案。正如罗伯特·西奥迪尼（Robert Cialdini）在畅销书《影响力》[①]一书中所指出的，秘密的力量在于稀缺性原则。当人们无法轻易获取某物时，它对人们来说似乎更有价值。一旦消费者最终得到他们渴望的产品，与产品相

① 涵盖“影响力法则”、畅销数百万册的西奥迪尼经典力作《影响力》（全新升级版）中文简体字版已由湛庐引进，北京联合出版公司于 2021 年出版。——编者注

关的神秘感会增加他们对所购买产品的依恋。在社群中，秘密还能把人们团结起来，因为社群成员都是要一起负责保守秘密的一员。例如，早期的《哈利·波特》读者不会与他人分享故事情节，这就促使了潜在读者购买小说，同时也增加了他们对这个小说系列的依恋。

打造令人痴迷的
品牌意义
BRAND HACKS

如何打造品牌叙事

撰写简短的品牌叙事有助于阐明品牌定位，更好地向外界讲述品牌故事。以下是用极少的预算或零预算来创造品牌核心叙事的方法。

不要从一张白纸开始。对大多数人来说，面对一张白纸都足以令人生畏，即使是经验丰富的作家也是如此。不如从一些关键词开始思考，脑海中浮现的任何想法都行，即使它们可能还模糊不清。此外，可以收集你在寻宝游戏（参见第 4 章）中找到的一切。最后拿出一些便利贴，每张上面写一个想法。比如可以写以下几个问题的回答。

- 你的品牌或产品能为顾客做些什么？
- 你的品牌或产品有什么独特之处？
- 你被信任的理由是什么？请简短扼要地陈述一下，是什么因素能让消费者认为你的品牌和产品是解决问题的首选？
- 你的品牌背后的故事是什么？
- 你的品牌愿景和使命是什么？

接下来，在一面空白的墙或一扇门的背面来展示所有这些想法。这样的做法本身就会让人很有成就感。到这一步，你可能会发现自己比最开始的时候有了更多的想法。

然后，请移动便利贴，具体按主题、消费者体验中的里程碑事件或者其他对你有意义的分类进行划分，丢掉在这些划分框架中找不到位置的便利贴。最后，再将内容最有意义的便利贴在各自的框架中排序。

这样一来，你就打好了品牌叙事的基础。

制作原创片段

从品牌叙事中提取四五个简短的原创片段，可以用作标语放在宣传帖中，或当作 Instagram 图片的说明。原创片段非常重要，它们容易记忆，能让人快速对一个品牌的叙事形成印象。在理想情况下，这些原创片段必须朗朗上口，而且要令人感到兴奋。注意，要强调品牌对消费者个人的价值，而不是一种普适的价值。虽然人们喜欢以使命为导向的品牌，但大家首先关心的是自己，其次才是全球变暖问题、不公平的工资分配和美国国债危机。

巧用视觉效果

仅有文字很枯燥，请配合原创片段的标语，设计一组独特的图片，用来展示你的品牌。记住，真实比完美更重要。图片库里的图片很容易取得，看上去也很完美，但它们毫无特色。更糟糕的是，竞争对手可能会使用完全相同的图片。例如，大多数社区瑜伽中心、水疗中心和私人训练工作室的图片看上去几乎一样。

展现魅力与浪漫

魅力是通过一系列手段之后形成的结果，它让人事物看起来吸引人又特别。魅力是一种幻觉，一种扭曲认知的“欺骗性情感”或者说“魔法”。而浪漫是人们产生兴奋感和神秘感的过程。无论是魅力还是浪漫，都能使我们产生幻想，但也都需要我们保持纯真或暂时搁置怀疑。

对许多人来说，那些永恒的偶像身上才散发着魅力，比如美国前总统肯尼迪的夫人杰奎琳 · 肯尼迪，演员玛丽莲 · 梦露、格蕾丝 · 凯利或加里 · 格兰特（Cary Grant）。某些品牌和产品也因为这类偶像的魅力而更加闻名，比如雷朋的徒步游客风格（Wayfarer）太阳镜、詹姆斯 · 邦德的阿斯顿 · 马丁跑车或爱马仕的 Kelly 手袋。

在当时，魅力是名人和专业摄影师的专属。如今，智能手机和社交媒体的发展让任何人都可以轻松地向全世界展现魅力。因此，人们也越来越愿意展现魅力，因为这样做满足了人们对于自我实现的需求。对品牌来说，这样的现状也提供了独特的机会，那就是品牌可以将自身融入消费者的理想世界，而不是一切由广告主说了算。

与此同时，人们也渴望拥有感觉上没有剧本、独一无二、异想天开的浪漫体验。在这个一切似乎都被算法预测和规划的世界中，人们想要寻求一些短暂的、不可预测又更加个人化的东西。正如作家梅根·多姆（Meghan Daum）在文章《最佳体验》（*The Best Possible Experience*）中描述的那样，真实性与浪漫不同，真实性是持久的，而浪漫是短暂的。此外，真实性来自真实的叙述，而浪漫只是一个感觉上有些真实的故事。

艺术家和浪漫主义者天生关注意义。技术人员和商业人士更喜欢确定性，而浪漫主义者则生活在怀疑、模糊、冲突和犹豫无所不在的紧张氛围中。在 18 世纪的启蒙时代，新古典主义先贤以其思考能力为标志，他们倡导线性和理性的论证。然而，来自 18 世纪末的浪漫主义先贤则多愁善感、不可预测。浪漫主义运动的特点是强调主观体验胜过客观真理，认为情感的重要性超过理性。按照这些定义来说，浪漫主义先贤与社会格格不入，他们喜欢沉思，颇为神秘，而且并不关心清醒的理性分析。

在营销领域，浪漫主义在许多方面都是大数据和算法的“解毒剂”。《商业浪漫主义》（*The Business Romantic*）一书的作者蒂姆·莱贝雷希特（Tim Leberecht）将浪漫主义称为无法估量的美。大多数企业都迷恋于智能和精准，一般来说这是正确的。但它的局限性在于会让人们失去惊喜和敬畏心。

在莱贝雷希特看来，“我们喜欢那些能够带来意想不到的美感和反差感的品牌。我们希望遇到打破常规的叛逆者，他们不仅能提供使命和个性化体验，还能提供浓浓的爱意。我们也需要独特而珍贵的体验，这种体验无法扩展和优化。换句话说，我们渴望浪漫”。

打造令人痴迷的
品牌意义
BRAND HACKS

如何让你的品牌更浪漫

想要浪漫化你的品牌，必须强调其主观的、情感上的优势，而将技术特性放在次要位置。苹果公司在这方面就做得非常好。苹果电脑并不是特别快，苹果手机也不能续航很久，屏幕也不大。苹果公司甚至没有发明 MP3 播放器。Audio Highway 才是先行者，然后是康柏（Compaq）、创新科技（Creative）和帝盟多媒体（Diamond）等品牌的出现。苹果的第一代 iPod 直到 2001 年才进入市场。苹果公司营销的是美丽和渴望。一家主流手机运营商的零售部门负责人曾经告诉我："我不担心苹果下一款产品会是什么样子的。因为苹果公司销售的是时尚配饰，而其他手机品牌销售的只是手机。"

重新定义新趋势，并放大你的声量

法式浪漫的潮流推动品牌强调产品的浪漫属性，使其瞬间焕发出迷人的精致魅力，尤其对于女性市场来说，法式女人的浪漫潮流也助推了化妆品、书籍、杂志和桃红葡萄酒的销售。桃红葡萄酒在美国非常受欢迎，在市场上远超其他葡萄酒。2001—2015 年，法国普罗旺斯地区的葡萄酒出口量爆炸式增长了 4 852%。充满法式风情的奢华护肤品牌法国女孩（French Girl）告诉顾客："我们每个人身上都有自己的小癖好……也许是早餐时的一颗巧克力，也许是像丹麦女演员安娜·卡林娜（Anna Karina）那样的即兴舞蹈，又或许是晚上要泡在浴缸里，配上一杯桃红葡萄酒。”

多年来，法国女性一直被描绘成时尚典范，她们优雅得毫不费力。20 世纪 70 年代，有女演员碧姬·芭铎（Brigitte Bardot）、简·伯金（Jane Birkin，不过她是英国人）和凯瑟琳·德纳芙（Catherine Deneuve）等偶像。如今，曾经是化妆师的社交媒体名人维奥莱特·塞拉（Violette Serrat）发布了一个教程，内容是教人们如何让别人感觉自己毫不费力但仍然性感。塞拉后来被雅诗兰黛任命为全球彩妆创意总监，她体现了巴黎时尚精致的梦想。她不希望自己的头发看起来过于修饰，喜欢它看起来像刚刚起床一样，但又没那么潦草，更重要的是，不能让自己看起来用力过度了。塞拉表示：“我希望自己看上去是不做作的。”塞拉的视频都有一个令人向往的标题，比如“巧克力眼妆在巴黎”、“巴黎的早餐与蓝眼睛”、“我的芭铎妆容”或“法式之吻妆容”。塞拉向观众展示了一种迷人的异国情调，同时又感觉很亲近和熟悉。

巴黎女性喜欢隐藏自己的努力，让自己看似毫不费力。在《做优雅的巴黎女人》（*How to be a Parisian Wherever You Are*）这本合著书中，安妮·别列斯特（Anne Berest）、奥黛丽·迪万（Audrey Diwan）、卡洛琳·德·玛格丽特（Caroline De Maigret）和索菲·玛斯（Sophie Mas）揭示了巴黎女性对待衰老的态度。巴黎女性不愿承认自己做过整形手术，因为她们想展现出对自己身体的包容接纳。至于护发，巴黎女性“根据不同年龄，可以打造出看起来稍微有点凌乱但又保持一定整洁的发型。请不要误解，那是一种经过精心调整的凌乱感”。这本书在上市后一个月就登上了《纽约时报》时尚和礼仪类畅销书榜的首位，说明美国人对法式风格和文化十分感兴趣。

打造令人痴迷的
品牌意义
BRAND HACKS

如何打造生活方式品牌

生活方式品牌与那些只承诺提供能让衣物比雪花还白的洗衣粉品牌不同，能够帮助消费者展示生活态度。也就是说，生活方式品牌能在消费者及其渴望的群体之间建立情感联系，生活方式品牌本身就能成为消费者对于自我的定义的一部分。从市场营销的角度来看，打造生活方式品牌是品牌建设工作的巅峰，因为消费者愿意为品牌提供的情感联系支付溢价。品牌带给消费者的情感价值越多，溢价就越高。此外，生活方式品牌拥有极高的消费者忠诚度，甚至达到狂热的程度。哈雷戴维森摩托车就是生活方式品牌的典范，其忠实拥趸主要是婴儿潮一代，他们不仅骑哈雷戴维森摩托车，还会搭配该品牌的装备，组建俱乐部，甚至在身上印品牌标志。

尽管 X 世代和千禧一代骑摩托车的人不多，但是他们也希望通过社交媒体名人宣传、Instagram 滤镜的使用和购买品牌产品来展现理想化的生活方式。

关于如何打造生活方式品牌，以下是几条指南，它们有助于吸引当今的消费者。

将现有概念转化为新趋势

太多品牌在毫无目的地寻找未开发的空白领域，希望推出人们都会渴望但尚未意识到的那种产品。有一条更快、更容易成功的道路，那就是审视现有概念，将其发展成让不同的受众产生共鸣的新趋势。

例如，社群 Daybreaker 发起的是在早晨跳舞的运动，不到 5 年时间，该社群就在全球 22 个城市兴起。

Daybreaker 并没有发明电子舞曲、瑜伽，也没有早上举办活动的俱乐部、酒吧和船只。Daybreaker 的创始人热爱跳舞，只是不喜欢夜店的门卫、醉酒的顾客和夜店常有的那种隐匿感。创始人拉达·阿格拉沃尔（Radha Agrawal）和马特·布里默（Matt Brimer）的目的是用光明、积极的一面取代夜店消极、黑暗的一面。他们旨在为人们提供跳舞和享受自己的一个出口，而不会留下夜生活的虚脱感。

Daybreaker 结合了千禧一代渴望的生活方式的所有属性：健康、友爱，一个能表达自我的场所（大多数顾客会装扮自己一番），再来一点淘气的恶作剧。

重新让产品与文化保持一致

就像 Daybreaker 没有发明迪斯科灯球和 DJ 台一样，拉克鲁瓦（LaCroix）也没有发明气泡水。一方面，气泡水这一类别被圣培露（San Pellegrino）和巴黎水（Perrier）等高档产品所主导。另一方面，拉克鲁瓦注意到美国人喜欢罐装饮料，但由于他们越来越注意糖分和咖啡因的摄入量，所以正在远离气泡水产品。拉克鲁瓦借鉴了可乐品牌成功的营销策略，以大众普遍能接受的价格提供一种清爽的饮料，并将它们放在五颜六色的罐子里。作为一种有风味的气泡水，拉克鲁瓦成为注重健康的消费者所追求的完美饮料，这类消费者渴望喝汽水，但又不能摄入太多热量。

拉克鲁瓦的成功当然不能归功于营销预算的投入。它主要依靠 Instagram 和 Facebook 来建立忠实和活跃的消费者社群，而不是聘请名人代言或播放电视广告。由于其多彩的罐子在 Instagram 的照片墙中非常醒目，即使没有滤镜，这个品牌在千禧一代中间还是迅速传播开来。

总之，打造生活方式品牌并不一定意味着要重新发明一种新概念。首先，要深入人们的生活。人类学就是一个很好的研究方法。品牌方要关注人们想要什么，以及人们目前依赖什么样的产品或服务来满足自己的需求。其次，将目标产品发展起来并加以改进，使其更好地与人们的文化、价值观和愿望保持一致。

最后，要多关注的还是体验，而不是产品功能。人们购买品牌产品，一般不是因为它能做什么，而是因为这个产品对于他们有意义。

品牌增长必须知道的秘密
BRAND HACKS

- 人们会用讲故事的形式从周围世界中寻找意义。当人们认同故事中的角色和情节时，就会在这些故事中看到自己的影子。
- 当人们创作、阅读或回忆故事时，会倚重于特定的原型来帮助自己理解、记住，并与故事和角色产生共鸣。
- 神话就是关于英雄或超自然存在的故事。想要打造品牌和形成产品溢价，一个神话般的秘密具有很高的营销价值。
- 对于品牌的强烈认同和有影响力的创意是品牌增长和保证营销效果的基础。

- 创建品牌叙事有助于阐明品牌定位，更好地向外界讲述品牌故事。
- 要打造生活方式品牌，可以将现有概念转化为新趋势，选择一个被遗忘的品类，重新定位产品，或者创造一种新的文化。

BRAND HACKS

HOW TO BUILD BRANDS BY FULFILLING THE CONSUMER QUEST FOR MEANING

第 8 章

策略 8，鼓励平和、冷静和自信

- 在一个充满嘈杂和焦虑的世界中，人们通过各种身心合一的体验来追求平和、冷静和自信。
- 品牌可以通过鼓励人们放慢脚步、感知周围的环境、享受安静的氛围来实现增长，而不必过度刺激消费者。

许多人常常焦虑不安，因为他们超负荷工作和长时间使用屏幕，难以得到休息和安静下来。科技占据了人们太多的心灵空间，推送给人们越来越多的信息，使人们难以抽离出来。而疫情又使情况变得更加糟糕。因为如今浏览餐厅菜单、与朋友社交和购买生活用品都能通过手机完成，这在一定程度上促使人们多使用手机。此外，人们还经常被内心的自我批评声所困扰，认为自己不够优秀。为了克服这些障碍，人们越来越迫切地寻求身心合一的体验，借此找到内心的宁静，重新连接身心。人们渴望学会如何专注于当下，能够自我觉察，放松疲惫心灵。

倡导健康的生活方式

在引言中，我解释了潮流、趋势、意义和使命之间的区别。如今，人们对于健康的追求涵盖了所有这 4 个方面。健康之所以有意义，是因为它根植于自然和真实的事物之中。

在人们追求健康的方式中，有一些趋势会在未来几年内持续存在下去。其中，许多趋势更能让旧事物重焕新生，比如混合健身体系（举重项目在古希腊和古埃及社会早已有之）和正念冥想工作室（冥想可以追溯到公元前 5 世纪）。

健康是一个笼统的大帽子，混杂着各种盲目的潮流和骗人的东西。格温妮丝·帕特洛（Gwyneth Paltrow）从女演员转行成为企业家，又摇身一变，成了生活方式专家。她在自己的网站 Goop 销售的产品中，有 90%没有任何科学依据。可以合理推测，像水晶（Goop 网站上 8 块水晶售价 85 美元）、活性炭柠檬水（每杯售价 6.5 美元）或清洁鼠尾草（作为家居品牌 West Elm 清洁套装的一部分，售价 35 美元）这样的产品，红得快，消失得也快。

尽管一些健康产品迎合了一小部分富人的需求（比如在图森峡谷牧场度假村的疗养活动，每晚收费 3 500 美元），但大部分与健康相关的产品和服务非常经济实惠，甚至有时候是免费的。

打造健康品牌

全球健康研究所（Global Wellness Institute）是一家非营利组织，旨在教育人们健康保健知识。该组织的调查结果显示，2018 年，全球健康产业规模就达到了 3.7 万亿美元。

如果你认为你的品牌与健康无关，请再考虑一下。因为关乎健康的范围远远超出了水疗护理、健身俱乐部、运动休闲等品类。以下是一些供你参考的领域。

1. **家居用品。**宜家推出了一款名为耶特列格（HJÄRTELIG）的限量系列，旨在帮助人们调适心情。该系列包括香薰蜡烛、床上用品、瑜伽砖、瑜伽带、瑜伽垫等产品，旨在帮助消费者放松。这些产品采用天然、可持续的材料，如海草、软木和藤条。它们还在商品设计中加入了大自然的颜色和素材，借此模糊室内和室外空间的界限。

2. **睡眠相关。**为了治疗失眠，美国每年在相关处方药上的消费约为 14 亿美元，如安必恩（Ambien）和鲁尼斯塔（Lunesta），非处方药的消费为 5.76 亿美元。在药物、睡眠实验室、床垫和枕头等方面，美国人每年花费 280 亿美元尝试改善睡眠质量。睡眠产品公司 Casper 正是抓住了人们对于安全和舒适的睡眠场所的渴望，打造了一个线下空间 Casper Dreamery。Casper Dreamery 位于纽约市曼哈顿的 NoHo 区，是一个供人们休息和“充电”的场所。顾客只需支付 25 美元，就可以在一个圆形的小角落“Casper Nook”内享受 45 分钟的午睡时间，这里配备了 Casper 的床垫和枕头。一位“夜猫子”，也就是负责管理 Casper Dreamery 的员工，会为顾客提供睡衣，并引导他们完成午睡。午睡结束后，顾客还可以享用免费的咖啡、小吃和护肤产品样品。

3. **旅游和酒店业。**旅游和酒店业市场上的众多品牌定位有所重叠，而且受到了爱彼迎等其他类型的住宿解决方案的冲击。威斯汀酒店通过威斯汀健康计划与竞争对手区分开来。该计划旨在帮助客人获得良好的睡眠、运动、饮食，让客人感觉更舒适，拥有更好的工作和娱乐体验。其中的

“天堂之床”（Heavenly Bed）专为恢复睡眠质量而设计，床头柜上放置了薰衣草香膏。威斯汀酒店还提供健康菜单、完善的健身工作室、跑步俱乐部和水疗护理服务。

4. **城市主义。**体育用品公司锐步和建筑公司甘斯勒（Gensler）合作，将加油站改造为健身中心。预计到 2030 年，在道路上行驶的 2.6 亿辆汽车中将有 7 100 万辆是自动驾驶汽车，这将导致成千上万座地理位置优越的加油站空置。锐步和甘斯勒则计划把它们改造成一个个“健身绿洲”，游客可以通过踩踏和跑步发电来为他们的汽车提供动力。“我们设想未来的城市在家和工作场所之间将会形成一系列健身绿洲，人们可以在那里停下来给自己的身体‘充电’，而不仅是为车子充电。想象一下，你可以离开拥堵的交通，做会儿瑜伽放松一下，或者进行混合健身锻炼，享用一杯绿色果汁，尝一尝农场的每周新品！”甘斯勒公司的设计师阿尔弗雷德·卞（Alfred Byun）介绍道。

5. **房地产。**健康生活社区的打造旨在全方位守护居民的健康。例如，亚特兰大郊外的健康社区 Serenbe 提供免受视觉污染的住宅。所有电缆都埋在地下，垃圾收集系统也是如此。社区坐落在原生态的草地和森林中，有通往餐厅、艺术画廊、剧院、农贸市场甚至马厩的自然小径。虽然 Serenbe 现在听起来可能有点乌托邦，你也许会认为这是世界排名前 1% 的富豪居住的地方，就像是一个迪士尼乐园和《草原小屋》（*Little House on The Prairie*）[①] 的

① 美国脍炙人口的童书经典，作者是劳拉·英格尔斯·怀尔德（Laura Ingalls Wilder，1867—1957），她以朴实无华的笔调描绘出孩子眼中 19 世纪的美国生活。——译者注

结合体，但人人追求的都是回归更宁静、更有意义的生活，Serenbe 的概念很可能会以更经济实惠的方式得到普及。

6. **冥想工作室和职场健身场所。**冥想工作室在各地蓬勃发展。虽然目前大多数工作室都是独立经营的，但这个领域可以采用特许加盟的形式经营。

7. **美容和个人护理。**人们对化学物质感到恐惧，寻求更清洁、更简单，毒性更小、更自然的产品，最好产品的成分往往较少且通俗易懂。法国化妆品品牌妙思乐（Mustela）成立于 1950 年，其销售额在 2017 年增长了 30%，而该类别的领导者强生公司的销售额自 2011 年以来下降了 20%。妙思乐的成功是因为它更有大自然的感觉，使用的成分中有 95%被认为是天然的。根据市场研究机构 NPD 集团的数据，这些注重自然的品牌销售额占据了高端护肤产品品类销售额的四分之一。

打造令人痴迷的品牌意义
BRAND HACKS

如何与健康品牌合作，加快产品的上市推广

与其他品牌和企业合作可以显著地加快产品的上市推广。想想你的产品与哪些场合、地点和任务相关。然后，请与特定类别中具有更高影响力的潜在合作伙伴建立联系。

化妆品零售商科颜氏与高档健身俱乐部连锁品牌 Equinox 合

作，在 Equinox 的淋浴间中展示科颜氏身体清洁产品和洗发水。科颜氏并不经营健身俱乐部，我敢打赌 Equinox 也没有打算开发一个化妆品品牌。但是科颜氏和 Equinox 瞄准的都是有意识关注自己身体健康的富裕人群，所以才有了这样的合作。

许多瑜伽工作室与精油品牌多特瑞（doTERRA）合作。多特瑞是一家多层次直销公司。当然，这些瑜伽工作室同样也应该没有计划涉足精油制作行业。多特瑞和瑜伽工作室都有本地的客户群体，他们对健康和自然疗法都很感兴趣。

追寻真正的宁静

2011 年，作家乔治·普罗契尼克（George Prochnik）开始探索宁静的深层含义。普罗契尼克想要通过他的调查，了解为什么人类社会如此喧嚣，而当人们无法再找到宁静时，又会失去什么。他会见了修道院的修士、活动家、声学工程师、建筑师、医生和营销人员，共同探讨为什么人们制造了那么多的噪声。

尽管听起来有些矛盾，但可以说人们制造噪声是为了与其他声音隔离。例如，人们在耳机里播放音乐来隔绝地铁里其他乘客、吵闹同事或健身房音乐的噪声，或者使用白噪声机来阻挡交通噪声、他人的对话和伴侣的打鼾声等。走进一个房间，人们会立即打开电视或播放音乐，以免感到孤单，在寂静中胡思乱想。随着人们所处的环境越来越嘈杂，普罗契尼克提出真正的宁静应该成为个人反思的一种形式，也可以是一个平静的空间，而他的这一主张越来越受到关注。

懂得感恩

感恩是人们对自己所获得的有形或无形的东西心存感激，它是一种心态。当人们接纳生活中的美好事物时，如健康、笑脸、好朋友、鸟儿的歌唱或更高的权力时，就会心存感恩之心。

感恩在许多宗教传统中都至关重要。哲学家亚当·斯密明确指出，感恩对于人类社会的运作至关重要，因为它为人们提供了维系彼此之间义务的基础，其价值超越了人们相互交换的物品或金钱。

感恩的心态涉及两个阶段。首先，人们会发现生活中的美好，比如自己很健康。其次，感恩也是对自己之外的人、动物乃至世界的认可，感恩可以拥有这样的美好。人们之所以会感恩，其实就是因为发现生活中的美好之处，并感谢给予这份美好的人事物。

感恩不仅仅是感谢某事，它也使人们能够从更深的层次欣赏周遭的自然、人、事物。从科学的角度看，感恩是一种积极的情绪，积极心理学领域的研究人员将其与福祉、人际关系、幸福感和乐观主义联系在一起。事实上，人们越感恩，就越能体会到更多的感激之情，也就越幸福。感恩对于提高生活满意度和幸福感具有持久的影响。

感恩是相互的。当一个人对他人表达感恩时，他人很可能也会用亲切的行为来回报这份感恩之情。通过这种方式，感恩之情可以在人际网络中传播，帮助人们创造一个充满善意的社会。而在这样的社会中，大家都能够获得更好的社会支持，也能更好地应对生活中的许多挫折。

打造令人痴迷的
品牌意义
BRAND HACKS

如何让你的顾客成为品牌的倡导者

优惠券、直销形式和客户忠诚度计划并不能体现品牌对顾客的感恩之情。如果是围绕多巴胺的刺激设计营销策略，也只是短期策略。品牌可以考虑通过任命品牌大使，来回馈最忠诚的顾客。

1. 一定要限制会员资格，这样才能保持品牌的独特性。你的目标是淘汰吃霸王餐的顾客，识别出真正的品牌拥护者。服装品牌 Vineyard Vines 在选拔校园大使“鲸鱼代表”（Whale Rep）时，要求学生们提交书面和视频申请材料。学生们则会尽最大努力确保自己被录取。

2. 提供独家福利。波本威士忌品牌美格（Maker's Mark）的品牌大使可以在属于他们的波本威士忌酒桶上刻印自己的名字。每个人还会收到感谢信和证书，上面写着美格的品牌宣言。这是浪漫化品牌产品的又一案例。在酒桶上写下最忠实顾客的名字，会让他们感到独家定制一般的珍贵感觉。对你的公司而言，这样做的成本几乎为零，而对客户而言，情感效益却是巨大的。

3. 培养你的品牌大使，使他们成为专家，进而成为品牌倡导者。当人们需要或想要某样东西，却对相关品类了解不多时，会求助于了解该领域的朋友或家人。你是否认识熟知汽车、消费电子产品或葡萄酒专业知识的人？这些专家就是你最好的销售团队，因为他们可以为你的品牌带来新客户，并且你的成本几乎为零。因此，请向他们介绍你的产品，直接为他们提供接触你的品牌的独特权限。例如，邀请他们参观你的生产设施，或向他们展示制造过程的独家视频和内容。

4. 利用品牌大使的人际网络发现新的见解。品牌大使通常知识渊博、参与性强，而且脚踏实地。当你考虑开发新产品、改变品牌战略，甚至想要调整宣传信息时，可以求助于品牌大使来获得创意和反馈。

5. 利用品牌大使在社交媒体上的影响力。品牌大使可能已经在分享与品牌体验相关的照片和帖子了。你需要为他们提供额外素材并对他们有所激励，帮助他们宣传季节性产品、专题活动或其他新奇的事物。重点是宣传质量而不是数量，虽然你的品牌大使可能并没有数万名粉丝，但他们在关系紧密的所属社群中会产生重大影响。

善待他人

善良是一种体贴、慷慨和友好的品质。善待他人对我们自己也有意义。当我们为他人开门、帮助搬运重物或分享食物时，我们就是表现出了善良。善良也意味着庆祝他人的成功，真心为他人感到开心。

解决睡眠障碍

2018 年，美国疾病控制与预防中心的报告称，大约有 5 000 万～7 000 万名美国人患有某种形式的睡眠障碍。员工睡眠不足的问题对企业造成了负面影响，因为它会影响员工的注意力和生产力。当人们睡眠不足时，更容易烦躁、发胖，也更容易陷入抑郁。而当人们睡眠充足，夜晚过得比较安宁时，往往能拥有更好的身心状态，并对生活有更强烈的使命感。

而且，睡眠不足会造成恶性循环。人们不睡觉可能是因为操心工作、学生贷款，担心恐怖主义、股市、大规模枪击事件，或者只是账单和感情生活。当人们夜晚翻来覆去睡不好而醒来时，会感到精神不振，而且更容易沉浸在阴暗的思想中，这又会影响之后入睡的能力。在职场上，特别是在职业生涯早期，人们似乎会透支体力工作来赢得尊重，就好像是一定要筋疲力尽才能获得成功，但这是一种幻觉。很少有工作值得我们在办公室待到晚上 10 点，也很少有人能在每天只睡 4 ～ 6 小时的情况下还能正常工作。对大多数人来说，睡眠不足会削弱免疫系统，并影响注意力和逻辑推理能力，导致人们做出错误决策。大脑和身体都需要休息来排出废物并恢复精力。

在《拯救你的睡眠》（*The Sleep Revolution*）一书的作者阿里安娜·赫芬顿（Ariana Huffington）看来，自第一次工业革命以来，当机器出现在工厂时，雇主就开始将员工当作机器来对待。然而，人类与机器之间存在明显的差异。使用机器的目标是最大程度地减少停机时间，任何时候，机器不工作都是因为系统有错误或出现了故障。相反，“停机”是人类“操作系统”的一个特性，而不是所谓的故障。“工作与生活保持平衡”，这样的说法是没有意义的，因为它暗示着你必须在两者之间取得平衡，而实际上工作和生活是相互协调的。

赫芬顿等人的观点似乎开始得到了一些支持。以解决睡眠障碍为中心的营销活动正在兴起，这为那些愿意尝试解决该问题的品牌提供了许多机会。除床垫和其他助眠产品的业务外，还可以考虑如喜乐茶等草药茶，助眠应用程序（如 Flux 在夜间使用时能调整屏幕显示的色温）、午睡舱、精油和 CBD 油（这个领域的大多数产品还没有品牌）。

在将“用尽全力”视为身份地位象征的文化中，要勇敢地选择休息和娱乐。

——布琳·布朗（Brené Brown）[①]，教授和作家

运用正念冥想法

近年来，正念的概念多次登上杂志封面，成为播客的主题，甚至出现在晚间新闻中。众多书籍、应用程序、网站等都在广泛讨论这个概念。像领英的杰夫·韦纳（Jeff Weiner）、福特汽车公司的比尔·福特和媒体公司 Rush Communications 的拉塞尔·西蒙斯（Russell Simmons）这样的企业家都在练习冥想。

正念冥想并不是什么新鲜事物。它可以追溯到公元前 5 世纪佛陀提出的三十七道品。乔恩·卡巴特－津恩（Jon Kabat-Zinn）是马萨诸塞大学医学院的荣誉医学教授，在将正念引入西方社会方面，他起到了重要作用。津恩将正念定义为“有意识地以特定的方式关注当下的瞬间，并且不做评判”。正念起初是一种宗教修行，如今已经成为一种世俗的实践，这使其更加吸引人。随着社会越来越世俗化，正念成为能触动无宗教信仰人士的一种方式。

正念是有意义的，因为它帮助人们减少焦虑、促进身心健康，并深入地改善人们的生活。当人们的大脑不断被电话、短信、电子邮件和其

① 美国最具影响力的女性之一布琳·布朗在其著作《脆弱的力量》中，从脆弱和羞耻感的角度研究爱、归属感与人生。该书中文简体字版已由湛庐引进，浙江人民出版社于 2014 年出版。——编者注

他事情分散注意力时，正念能帮助人们只专注于一件事，至少在某一刻如此。正念冥想能使人们进入一种反思、开放、内省和接受自我的状态。正念促进神经可塑性，帮助人们重塑大脑，使其更具灵活性。它通过提高自我控制力使人们的精神更加稳定，通过增强精神注意力、持久力，使人们更加高效。对于那些容易抑郁的人来说，正念冥想可以减少因人们不断回忆过去和过度思考未来而产生的绝望和焦虑情绪。科技手段似乎能立即回答一切问题。而与之相比，正念冥想则是一段没有特定目标的学习旅程，因此它不会立即带来满足感，但随着人们的不断学习，它会变得越来越有意义。

正念冥想能帮助人们应对财富和物质主义所造成的精神空虚，为人们带来金钱买不到的意义和使命感。

意义驱动的高增长品牌

The DEN 冥想工作室，将正念融入人们的现代生活

塔尔·拉比诺维茨（Tal Rabinowitz）是 The DEN 冥想工作室的创始人，该工作室位于加利福尼亚州洛杉矶和斯蒂迪奥城。

拉比诺维茨指出，在过去几年的运动革命中，人们更加专注于强身健体，但是忘记了照顾自己的心灵。

在会员群体中，拉比诺维茨发现来到 The DEN 的人有一个共同点，那就是他们感到不满足。总是能收到各种资讯，能玩游戏、交朋友，和人交谈，这样很好。但人们渴望触达自己的内心。冥想不仅让人们感到更放松，还能帮助他们做出更好的决策。他们能更加了解自己是谁，要吃什么，该如何睡觉。拉比诺维茨注意到，她的会员在度过筋疲力尽的生活之后，在

The DEN 的训练让他们开始以自己的健康为荣，他们学会了倾听自己的身体并满足身体的需求，例如给自己一些休息时间。

有趣的是，The DEN 的休息区配备了无线网络。这是因为拉比诺维茨希望她的工作室能够与会员的生活方式保持协调。“如果你想在上课前工作 45 分钟，请随意，”拉比诺维茨说，“我们不是要打造一个修道院，而是要找出如何将正念融入人们的现代生活。”

除提供冥想课程外，拉比诺维茨的目标是创建一个社群，使人们彼此产生联系。为此，休息区可以说是 The DEN 的延伸区域，那里欢迎每一个人，就像一家咖啡馆，人们可以闲逛，或者你可以把它当作理想的客厅。休息区故意没有摆放佛像，为的就是消除会员关于宗教的任何联想。

拉比诺维茨经常会听到潜在客户的一个担忧：因为思绪会游移不定，所以他们认为自己无法冥想。但是，冥想的一个学习成果就是了解到思绪本来就会游离，重要的是将思绪带回，并通过这个过程使自己的心灵更加强大。在社会中，人们普遍执着于追求完美，而冥想就是要重新调整这种期望，让人们接受事物可能不完美的现实。

专注当下，放松疲惫心灵

当你参加电话会议时，可能有其他人在进行对话，或者你还会听到有人在敲击键盘。在会议中，你可能也会注意到桌子另一边的同事每 2 分钟就看手机一次。他们会说：“我在同时处理多个任务。”他们试图让自己看起来更聪明、更有生产力。然而，当人们同时处理多个任务时，只是让自己看起来很忙碌、很重要，试图提升自我价值感。多任务处理其实是一个神话。越来越多的研究显示，同时处理多个任务会浪费时间和生产力。这是因为人们的大脑实际上无法同时处理几个任务。这也是为什么美国国家运输安全委员会认为，开车时发短信与血液酒精含量超醉驾标准3倍一样危险。

实际上，所谓多任务处理就是切换任务。人们通过在大脑中切换开关的方式，以非常短的时间来处理任务，就像头脑中装有停止和开始键一样。最终实际上需要更多的时间来完成手头的任务，而且也会出现更多的错误。那些进行多任务处理的人会因为无法过滤掉无关信息而损失高达40%的生产力。此外，也会因为错过对话的一部分内容，让周围人的工作效率也降低了，因为彼此可能需要重复沟通过去5分钟讨论的内容。当人们同时处理多个任务时，只是营造出了一种提高生产力的假象，实际上却牺牲了全神贯注、关注当下的力量。戴夫·克伦肖（Dave Crenshaw）的书《多任务处理的神话》（*The Myth of Multitasking*）的副标题就总结出了一句话："如何事必躬亲却一事无成。"

打造令人痴迷的品牌意义
BRAND HACKS

品牌如何帮助消费者活在当下

品牌方需要小心，不要强迫消费者去实现与他们本身无关的意义，否则会显得虚假。此外，虽然消费者的工作和生活非常忙碌，但品牌本身是无法解决这个问题的。品牌方需要明确，你只能给消费者提供短暂的休息时间，帮助他们享受当下的美好。

鼓励消费者活在当下

2018 年的节假日季，啤酒酿造商时代啤酒（Stella Artois）推出了一项活动，鼓励消费者与朋友和家人共度高质量的时光，而不是纠结于交换礼物。一则电视广告将人们带到一个理想化的欧洲浪漫场景，一名年轻女子走进一家挤满舞者的复古比利时啤酒馆。起初，这个女人打算给钢琴师一份大礼。但她决定还是点一杯时代啤酒，坐在他旁边，拿原本的礼物当作凳子用。随后，一个带着浓重法国口音的声音响起："最好的礼物不就是当下吗？"

将产品定位为帮助消费者活在当下的催化剂

雀巢咖啡通过一则恐龙主题的广告片实现了这一点。广告中有一个画面，一位辛劳的母亲陷入了沉思，而在她品尝了一杯雀巢咖啡后，她重新开始专注当下。

帮助消费者正念休憩

饼干品牌奇巧（KitKat）自 1957 年起的标语就是"休息一下"。其他品牌也可以帮助消费者休息一下。床垫品牌 Casper 可以帮助消费者睡个好觉。食品、饮料、化妆品和其他产品也都可以帮助人们休息一下、恢复活力。

帮助消费者改善表现

美国运通利用正念来帮助美国高尔夫球公开赛的参赛者培养必胜的心态。高尔夫球爱好者可以向鲍勃·罗泰拉（Bob Rotella）和吉奥·瓦利安特（Gio Valiante）博士寻求建议，改善自己的专注力。在线《心理训练游戏》（*The Mind Game Training*）为球迷提供了在球场上提高毅力、专注力和反应速度的技巧。

安静比噪声更有力

在广告中，安静的氛围能够提高消费者的注意力和记忆力，从而更能抓住消费者的心。当广告中的信息与安静的元素相关时，还可以改善消费者对于品牌的态度和改变品牌特定的属性。安静下来，能使观众更好地处理信息，还可以强化广告中展示的特定产品功能或优势。

Beats 耳机在音乐视频《朋友》(*FRIENDS*)中巧妙地使用了近乎安静的音效技巧。事实上，Beats 无法在音乐视频中展示其耳机的音质和功率。因此，它强调了耳机的降噪特性。在视频中，阿内 - 玛丽似乎对她的朋友“棉花糖”打扫房子的举动感到烦恼，她伸手拿起了 Beats 耳机。当这位歌手将耳机戴在头上时，音乐视频的音量明显降低了，然后观众可以看到玛丽被耳机产品吸引了。短暂的安静状态立即吸引了观众注意到该产品的优势。

如果你决定将你的品牌与健康相联系，请注意以下 3 点。

1. **确保健康因素与你的品牌产品保持一致。**天然的美容产品当然可以考虑健康因素，建一栋优化的公寓楼也可以。不过，含有咖啡因和牛磺酸的能量饮料就无法确保健康了。
2. **不要将健康概念推向极端。**获得公众关注和推动产品销售是两回事。我曾为一种用豌豆制成的素食蛋白即饮饮料提供咨询。这种饮料用玻璃瓶装着，每瓶售价 7 美元。即使是洛杉矶西区富裕的素食主义者和健身狂热者也不理解这种饮料有什么过人之处。通过一次店内观察，我觉得这种产品不会流行起来。

3. **确保你的产品像承诺的那样健康天然。**杰西卡·阿尔芭（Jessica Alba）的品牌 The Honest Company 曾遭受多次诉讼，被指控其部分产品含有有害化学物质或者承诺的功能无效，不过最后都达成了和解。格温妮丝·帕特洛的 Goop 公司也曾在被指控虚假广告的诉讼中与指控人达成和解。

品牌增长
必须知道的秘密
BRAND HACKS

- 为了寻找意义，人们越来越注重健康，因为健康的概念会促使人们做出有益身心的事情。
- 随着人们所处的环境越来越嘈杂，人们寻求的是一种真正的宁静，它应该成为个人反思的一种形式，也可以是一个平静的空间。
- 正念是有意义的，因为它帮助人们减少焦虑、促进身心健康，并深入地改善人们的生活。
- 品牌可以通过鼓励消费者活在当下来传递和平、平静和正念的理念。
- 在广告中运用安静的氛围。事实证明，安静比噪声更有力。

BRAND HACKS

第三部分

为品牌注入文化意义

第 9 章

策略 9，用归属感创造品牌信仰

- 人们对更高力量的信仰，以及对指引和朝圣的追寻正在变得越来越世俗化。
- 品牌及其代言人现在扮演着教堂和布道者的角色。

谷歌不只是一个搜索引擎……我们在哪里祷告，就是在哪里提问，希望在神圣的指引下得到更好的回答。

——斯科特·加洛韦（Scott Galloway），
企业家、公众演讲家，纽约大学斯特恩商学院市场营销学教授

人们将最私密的信息和问题倾诉给像谷歌这样的搜索引擎。搜索引擎会立刻给出答案，不像在教堂里，人们唯有相信答案总有一天会得出来。这就是美国全国范围内日益世俗化、教堂出席人数持续减少的原因之一。全美拒绝任何宗教信仰的人数从 1992 年的 6%上升到 2014 年的 22%，而在千禧一代中，到 2019 年，这个数字为 40%。反之，谷歌的搜索量却在增加。虽然教堂变得越来越冷清，但在无宗教信仰的美国人中仍然有 70% 的人相信上帝或其他精神力量。这些人有着更个人化的精神体验，而这并不是通过宗教机构来实现的。

传统宗教机构在努力吸引新信徒，而许多人转向其他机构或品牌来满足自己对灵性和归属感的追求。许多品牌声称拥有更高的使命，它们举办仪式，将顾客聚集在“圣地”，借用大量神圣化的准则和术语来传

授一种新的生活方式。此外，某些文化聚会和音乐节还取代了传统宗教机构提供的过渡仪式和朝圣活动。尽管不那么明显，但这种宗教型营销手法的力量不容小觑，它为苹果公司、哈雷戴维森、动感单车品牌SoulCycle和点评网站Yelp等的成功做出了贡献。本章将以一种中立的方式揭示人们到底想从宗教中寻求什么意义，以及品牌又是如何使用隐喻来实现这些意义的。

将消费者变成狂热粉丝

宗教型品牌会给消费者一种强烈的归属感，使他们感觉自己属于一个志同道合的群体，那里就像是一个家庭。从营销人员的角度来看，这些品牌具有非常高的客户忠诚度和品牌归属感。宗教型品牌不会像时尚潮流那样很快就丧失吸引力。哈雷戴维森的第一个车主协会H.O.G.成立已过40年，而截至2013年，H.O.G.在全球就拥有超过100万名会员，在美国拥有680个分会，在海外拥有700个分会。

为了吸引消费者并将他们变成狂热的粉丝，许多品牌借鉴了大量宗教性的叙事方式和术语。

追寻更高的使命

品牌没有神圣的宗教典籍可依赖，所以它们创造了自己的话术。SoulCycle公司在首次公开募股之际交付的一份公开文件中写道："SoulCycle的教练会引导骑行者进行一次启迪式、冥想式的健身体验，旨在让消费者的身体、心灵同时受益……我们相信 SoulCycle 不仅仅是一家商业公司，它也是一场运动的领导者。”在同一份文件中，SoulCycle 承诺为消费者提供一场能锻炼灵性的活动，让他们受到启发、拥抱改变。这种锻炼会挑战人们的极限，最终帮助人们改变和实现超越。

让消费者找到归属感和社会认同感

许多品牌社群已经将客户和商家都转变成了信徒。

2004 年，现如今广受欢迎的点评网站 Yelp 在业务发展上遇到了困难。为了挖掘新的想法，品牌方决定召集约 100 个最活跃的用户。随后品牌方意识到，人们受到的影响往往来自那些与他们一样的独立个体，而不是他们点评的商家。评论数随后呈指数级增长。平台上最活跃的评论者和精选榜样评论者组成了 Yelp 的精英小队，作为区分，这些成员的账号资料上会显示彩色的精英徽章。加入 Yelp 精英小队满 5 年将获得金色精英徽章，满 10 年将获得备受追捧的黑色精英徽章。

崇拜性消费与仪式性消费

在宗教意义上，神圣意味着与上帝或神相关，或者专门用于宗教目的，因此受到特定宗教、团体或个人的尊敬和崇拜。在市场营销中，崇拜性消费 / 神圣性消费（sacred consumption）指的是人们会购买一些被尊重或敬畏的产品或服务的消费行为。

1. **仪式是一种行为模式，它往往与人们生活中的重要事件密切相关。**这些事件通常源自人们的文化、宗教背景和传统。它们通常具有一些特殊的象征意义，并且会重复出现。

2. **仪式性消费（ritual consumption）是与特定仪式相关的商品和服务的消费。**

3. **神器（artifact）是指人们在仪式中使用的物品。**

对品牌来说，仪式性消费是忠诚度的“圣杯”。如果人们定期消费某个产品并遵循一种仪式，就会更加频繁地使用这种产品，不假思索地复购。这就是为什么玉兰油告诉人们每天都要使用它的面部护理产品，奥利奥教给人们“扭一扭，舔一舔，泡一泡”的方式，科罗娜啤酒告诉大家喝的时候需要配上一片柠檬。唐恩都乐已经成为咖啡品类中的佼佼者，它是许多消费者每天都会使用的“神器”，人们一天中任何时候都可以去那里购买咖啡和烘焙食品。

利用仪式性元素

17 世纪，iconic（标志性的）这个词从宗教用词转变为日常用语。如今，iconic 被用来描述备受景仰的人物、品牌或产品的仪式性元素。

可口可乐自 1886 年推出以来，在全球各地几乎无处不在，品牌设计至今仍与时俱进。可口可乐的商标字体非常独特，在整个品牌历史中始终如一，而其他竞争对手不同，曾多次重新设计品牌标志。

设定品牌使命和专属词汇

宗教有其自身的使命，许多品牌展示的使命也远远超出了生产和销售产品或服务。

- 英国糖果制造商吉百利的广告片《照亮日常的善行》（*Shines a Light On Every Day Acts of kindness*）旨在突出社会中每天都能看到的慷慨、善良行动，促进人与人之间的联系。
- 星巴克基金会致力于支持全球社区并为年轻人创造通往终身工作机会的途径。
- Facebook 的使命是赋予人们创建社区的权力，让世界融为一体。

与宗教类似，宗教型品牌也有自己的专属词汇，而只有真正的信徒才能流利地使用这些词。就像秘密组织一样，最狂热的成员之间会使用符号或密码来互相问候，并解锁一些非常私密的特权。

在星巴克，Dirty Chai 指一种多加了一份浓缩咖啡的茶拿铁。Upside Down Caramel Macchiato 指一种甜苦颠倒的焦糖玛奇朵，焦糖酱在杯底。请注意，知道这些用词不仅暗示你了解行话，还表示你知道它们的制作方法。

Jeep Wave 是吉普车主们擦肩而过时使用的手势暗号。他们用这种方式表达对品牌的尊重，认可自己拥有的“终极座驾”。Jeep Wave 有一个层级体系，根据一个复杂的评分系统来确定谁应该先打招呼。该系统会考量车辆的怀旧感、耐受力和车主的忠诚度。

了解秘密菜单能让品牌的超级粉丝感到自己很独特。在 In-N-Out 汉堡店，了解秘密行话的顾客可以定制自己最喜欢的餐点。例如，“3 × 3”是一种有 3 片肉饼和 3 片奶酪的芝士汉堡。提醒一下，In-N-Out 汉堡店的秘密菜单在网上广为流传，你甚至可以在连锁店的网站上找到。

神圣意义与实际价值需要兼顾

克里斯·斯皮尔曼（Chris Spearman）是洛杉矶韦斯特伍德联合卫理公会教堂的创始牧师，该教堂位于加利福尼亚州韦斯特伍德市的一个新兴基督教社区。斯皮尔曼为本章尤其是关于事工部分的研究提供了不少信息。作为一名宗教领袖，他认为品牌方采用的方法确实与教会履行的许多职能相似，特别是那些拥有狂热粉丝的品牌，它们扮演着类似于受宗教典籍启示的事工角色。

在《圣经》的意义上，牧师负责举行仪式。牧师赋予叙事神圣意义，并兼顾日常生活中的实际价值。

苹果公司的“天才”① 教人们如何使用苹果的产品，他们就承担了牧师的角色。

① “天才吧”（Genius Bar）是苹果直营店设立的一个为用户提供售后服务及产品使用教学讲座的“机构”。——译者注

使徒型品牌，传播新的生活方式

在今天的社会中，先知通常被描述为预言未来并传授智慧的人。例如，在《但以理书》（*Daniel*）中，先知们对未来持悲观的态度，鼓励人们采取行动。先知也是社群的组织者。马丁·路德·金就是当代宗教先知的例子。

先知的英文 prophet 也是一家品牌咨询公司的名字。2018 年左右，铂慧咨询公司（Prophet）有 10 个办事处和约 400 名员工。事实上，铂慧咨询的联合创始人是前面提到过的加洛韦，他将谷歌描述为“无神论者的上帝”。通过广泛的媒体曝光，人们发现他经常能准确地预测一家公司的灭亡结果。从这个意义上讲，加洛韦也可以被称为先知。

使徒通过分享自己另类的做法来传播新的生活方式。使徒与先知一样对世界持悲观的态度。然而，与先知不同的是，使徒展示了一种可以改善现状的替代方式。SoulCycle、慧优体（Weight Watchers）和婚恋交友网站 Match.com 都是使徒型品牌，它们提供了一种新的生活方式。你不必感到自己不健康、肥胖或孤单。这些品牌承诺让你脱胎换骨。

大教堂的隐喻

我研究了 20 多家苹果商店的建筑结构，得出了一个结论，那就是这些苹果商店的设计可以被视为一种现代大教堂的隐喻。

几乎所有苹果商店都装有超大玻璃门。这么大的门在技术上并没有什么必要，从节能的角度来看也很糟糕。它们的唯一目的是暗示人们即将进入一个宏伟神奇的地方。门的上方是闪耀的苹果商标，代表着这个“宗教”的标志。

一旦进入商店内部，就会发现空间很宽敞，像教堂一样，让人感觉自己很渺小，如同处于一个神圣的空间。古老的教堂必须造得很大，以此赞美上帝并欢迎众多信徒。它们常常是由石头建造的，光线很暗而且难以完全被照亮。苹果商店复制了前两个属性，并通过玻璃和 LED 灯光解决了第三个问题。

大多数苹果商店里都有一个巨大、坚固且透明的楼梯，该楼梯会通向一个高处的空间，美国纽约第五大道和 SoHo 区，以及法国巴黎和中国上海的店铺都是如此。从楼下看，人们无法确定这个空间是什么，但人们会感到好奇，期待着爬上这个楼梯，进入一个天堂般的领域，与“神”相见。

即使苹果公司自豪于自己设计的直观易用的产品，但是消费者想要掌握使用所有这些“宗教”的技术，也需要不断学习和实践。幸运的是，有“天才”运行着一个“学校”，教会消费者密码是什么。这一切的背后都体现了“至高无上的存在”——史蒂夫·乔布斯。

在我研究的所有苹果商店中，教堂的隐喻最明显的可能是纽约市布鲁克林区的那家店。那家店侧面立着三角形玻璃幕墙，像极了教堂。如果苹果公司的业务不行了，只需要将苹果的标志换成十字架，那家商店就能直接变成教堂。

根植于生活方式，构建品牌部落

人们都渴望融入与自己相似的群体。许多人对加入宗教机构并不感兴趣，但在灵性交流与社区体验中找到了意义。与他人共享体验是最令人期待、愉快和难忘的。这些体验产生的情感为社群的成立奠定了基础。于是，消费者就成了由共同的兴趣爱好、激情和情感组成的部落中的成员。这样的人群划分不再是年龄、性别和收入等人口统计学因素。

这些部落的成员不仅会消费产品，还共同赋予产品及其品牌以意义。部落将人际关系放在首位，这始终是情感价值的核心来源，而品牌和产品有助于促进消费者之间的联系。与以亲属关系和地理位置为纽带的传统部落不同，今天的新部落不依赖历史传统，也不受地理位置的限制。人们不仅属于一个大部落，而且属于许多小部落。人们从生活里的多个社群中寻找意义。成功的品牌会培养这些新部落，并利用它们迅速扩张至全球各地。

要成功构建品牌部落，品牌就必须将它们根植于生活方式和使命中。成员在部落中的参与程度各不相同。有些人只关注品牌给他们带来的感受，有些人则会成为品牌的超级粉丝，并根据自己的信念、价值观或某种生活方式来认同品牌。这些超级粉丝是部落中最投入的成员，也是品牌最坚定的拥护者。

Rapha 自行车俱乐部，贯彻 DTC 销售模式

在人们经历归属感危机的时候，伟大的品牌必须填补社会孤立造成的人际隔离，努力帮助客户建立归属感。品牌必须跳

脱出追随者、粉丝和客户的思维模式，培养更深层次、更真实的人际关系。

Rapha 是一家总部位于伦敦的高端自行车服装供应商。它一改以往朴素、大众化的骑行穿着或车队队服的风格，为自行车装备品类吹来了时尚精致之风。虽然对于一些希望自己看起来像环法自行车赛参赛者的人来说，这些装备令人向往，但它们并不适合所有人。首先，你支持的车队很可能在某个时候被发现有队员服用兴奋剂的问题。如今，除了在万圣节，谁还想穿传奇车手兰斯·阿姆斯特朗（Lance Armstrong）那标有 USPS（U. S. Postal Service，美国邮政）的队服呢？其次，大多数队服都是鲜艳的彩色，还会宣传一些大家不那么喜欢的品牌。例如，Cofidis 是一家提供消费贷款的公司，Ag2R 是一家保险公司，Lotto 则与彩票有关。Rapha 则填补了这一市场空缺，为那些在骑行时关心形象（有社交追求）的人提供舒适（有实用价值）、设计精良（有情绪价值）的服装。

Rapha 自行车俱乐部（RCC）是该服装品牌的延伸。RCC 在全球范围都拥有分会和俱乐部会所。它会组织社交活动，让骑行者聚集在一起，由当地组织者领导。RCC 会员每周可以与其他骑行爱好者一起骑行 20 多次，还可以结伴环游世界参加 RCC 的峰会活动。RCC 是 Rapha 业务战略的核心，它提高了会员的忠诚度和参与度。以下是 Rapha 的一些关键营销策略，这些策略适用于所有宗教型品牌。

1. 一个有魅力的创始人和一个坚定的创业故事。2002 年，当创始人西蒙·莫特拉姆（Simon Mottram）为 Rapha 撰写商业计划书时，在融资方面遇到了极大的困难。当时没有人看好自行车产业，所以他开了 200 次会议才筹集到 19 万美元的资金。但莫特拉姆和他的团队凭着激情而非财务测算表格一路带领企业发展，最终业务开始有了起色，发展得相当不错。后来，莫特拉姆将大部分股份以超过 2.5 亿美元的价格出售给了沃尔玛的继承人。每个人都喜欢听到关于一个艰难奋斗的初创企业家最终成为百万富翁的故事，尤其在美国。

2. 一种仪式。每个俱乐部会所都配备一台高端咖啡机。好喝的咖啡吸引人们来到俱乐部会所，在那里与其他部落成员见面，并在品牌产品上消费。

3. 一个部落。RCC 及其俱乐部会所是结识志同道合者的地方。

4. 半隐蔽式。Rapha 不会花大钱做令人讨厌的广告宣传。你必须主动寻找 RCC。现有会员可能会给你一张“给骑行者朋友”的卡片，邀请你享受会员专属的某项福利，或者你也可以在网上查询相关信息。无论如何，你都不会接到来自 RCC 的电话、邮件或再跳转的在线广告。

5. 一个徽章。加入 RCC 后，你会收到一个入门包，其中包括一枚可以缝在衣服上的徽章。这样一来，你就可以自豪地展示你的会员身份和对 RCC 的忠诚了。这就是创意领域专家诺蒂 · 科恩（Norty Cohen）所说的标志崇拜（icon idolatry）。也就是说，这样的徽章让人感觉品牌稳定、可靠。某些品牌的超级粉丝甚至会将徽章贴在笔记本电脑的盖子上，或将品牌标志文在皮肤上。

6. 排他性。Rapha 为骑行速度设定了最低标准。如果你踏板踩得不够快，就不能加入 RCC。

7. 苦乐相伴。你可以在骑行后享受到咖啡。但是首先，你要努力踩踏，付出一些体力上的牺牲。

8. 直接面对消费者的模式（Direct-To-Consumer，DTC）。与客户直接建立关系有许多优势。RCC 之于 Rapha 的例子也适用于几乎所有 DTC 品牌。

通过 RCC，Rapha 与客户建立了牢固的联系。Rapha 不仅销售装备，还会安排骑手与客户一起骑行。与通过第三方销售产品相比，DTC 模式使 Rapha 能够收集并拥有更多的数据。

Rapha 掌控并影响着消费者的整个体验旅程，并将其品牌愿景和落地执行贯穿始终。RCC 就是一个持续进行的、基于民族志的研发中心。Rapha 可以在会员使用产品时询问他们的意见，而成本仅相当于外包做定性研究的一小部分费用。

显而易见，DTC 销售模式可以获得更高的利润。

借助现代仪式，创造改变自我的体验

过渡仪式是标志人们生活重要阶段的活动或庆典，例如成人礼、毕业典礼或婚礼。过渡仪式之所以重要，是因为它庆祝人们的生活从一个阶段过渡到另一个阶段，也就是人们社会地位的改变。朝圣是前往人们认为特殊并具有道德或精神意义的地方旅行。

美国火人节是一种现代世俗的朝圣和过渡仪式，为人们的自我发现和改变提供了一条路径。它是在加利福尼亚州黑岩沙漠举行的节日，为期一周，是一次有关艺术、表达、社区和自力更生的体验。火人节社区以强大的包容性、自力更生、自我表达、赠予、共同努力和公民责任为价值观。“赠予”是火人节最重要的原则，即“火人”们（Burners）分享一切而不期望得到任何回报。“火人”们可以赠送给他人各种东西，比如手链、荧光棒、墨西哥玉米饼和一个拥抱。因此，许多人认为火人节是消费主义的一剂解药，帮助人们摆脱电子设备。与传统的过渡仪式一样，大多数“火人”们认为这个经历改变了他们的人生。从黑岩市回去后，超过 85% 的“火人”表示自己经历了持久的变化，比如对人事物有了不同的看法，以及获得了探索自我的能力。

EDM 音乐节，为参与者创造超凡体验

电子舞曲（EDM）是一种类似于宗教的体验，也是朝圣和过渡仪式的隐喻。不同于嘻哈音乐侧重于财富、无节制和有点厌女的社会观，EDM 主要根植于人际关系、爱情和体验。

被许多人视为研究 EDM 参考标准的《锐舞者宣言》（*Raver's Manifesto*）概括了 EDM 是如何成为一种宗教般的超凡体验的。大约 35 赫兹的振动频率使人们感受到“上帝之手”在我们背后，推动着我们去激发自己的潜能，增强我们的身心力量。它推动我们转向身边的人，一起手牵手，通过分享我们创造的这个神奇氛围，传递我们所感受到的无法抑制的喜悦。这一夜，我们被它所护佑，远离外面世界的恐怖、暴行和污染。

与嘻哈音乐、重金属音乐或其他可能有暴力倾向的音乐风格不同，EDM 传递的是爱与团结的氛围。EDM 深邃、回荡的节奏会让人想起母亲的心跳声，这个声音在安抚着子宫中的孩子。

EDM 音乐节就像提供了一个限时的仙境，比如比利时最大的音乐节 Tomorrowland、美国堪萨斯城的音乐节

Dancefestopia、以色列的 Isle of Dreams 或雏菊电音嘉年华（Electric Daisy Carnival，EDC）等。电音活动组织机构 Insomniac 的首席执行官、雏菊电音嘉年华的创始人帕斯奎尔·罗特拉（Pasquale Rotella）解释说，EDC 的目的是激励派对参与者与自己的内心连接。音乐节提供了一个逃离尘世的机会，让参与者可以尽情享受自己想做的事情，而不必担心后果或遭受评判。下面是 EDM 音乐节的两大特点。

1. 接纳。音乐节爱好者希瑟·麦考尔·凯利（Heather McCall Kelly）在接受我的采访时提到："音乐节传递了一种真正的社群氛围，让人感受到不会被他人评判的自由。你可以毫无保留地展现真实的自我，无须伪装。"

2. 团结。EDM 音乐节也是体现了人际联系和社群的典型代表，取代了慢慢正在过时的嬉皮士文化。对于音乐节参与者贝卡而言，EDM 音乐节是集体幻想的狂欢，参与者们聚集在一起为一个周末创造出理想的世界并生活在其中。另一位音乐节参与者利娅描述了人们随机与陌生人牵手的时刻，她回忆起一段特别感人且有意义的经历。当时一群聋哑人邀请她加入他们的团队："他们一只手放在地上，一只手彼此牵着，仿佛想要感受彼此的存在……"

在我的思绪中，在我的脑海中，我们都来自这里，我们拥有的梦想，我们分享的爱，这就是我们全部的期待。

——《在我的思绪中》（*In My Mind*），迪诺罗（Dynoro）、吉吉·达戈斯蒂诺（Gigi D'agostino），DJ

如何像电视布道者一样高效营销

领先的宗教型品牌如同电视布道者和超级教堂，能在逐渐萎缩的市场中取得繁荣的业务成果，而教堂的出席率在美国已经持续下降了 40 多年。以下指南尊重每个人的信仰和信念，并不涉及对超级教堂合理性的讨论，而专注于探讨源自超级教会的高效营销策略。

以下是电视布道者擅长的 5 种营销方法，这些方法几乎可以应用于任何企业。

1. 建立品牌名称、标语和销售团队。以乔尔·奥斯汀（Joel Osteen）的品牌为例，他的品牌名称是 Joel，标语是“发现你内在的冠军”和“大胆要求，大获回报”，他的特点及他标志性的微笑，使他被称为微笑布道者。此外，奥斯汀还有一个销售团队，包括他的妻子维多利亚、孩子亚历山德拉和乔纳森，以及幸免于癌症的母亲多迪。奥斯汀本人无法吸引所有人群，因此他依靠家人来接触女性、青年、老年人和生病的人。在组建一个核心销售团队时，选择来自不同背景的合作伙伴，这样可以吸引客户家庭里的每个人。与其招募 4 个销售人员，不如招募一名客户负责人、一名创意人员、一名统计人员和一名项目经理。

2. 让客户专注于体验，而非产品本身。牧师都会依赖一本不是他们自己写的书——《圣经》。然而，电视布道者在传递信息的方式上与传统小型教堂领袖有所不同。在家里，任何人都可以免费在平板电脑上阅读《圣经》，或者可以到遍布全美的 30 万座教堂听到相同的信息。如果人们愿意支付费用，比如旅行去参加电视布道者的活动，那么人们想听的不仅是信息本身，他们还想听听这些信息会以怎样的方式传达出来。就像电视布道者、政治家和表演者一样，请不要总是试图重新发明一种新的方式；相反，专注于打造品牌产品内容，然后做无数次的排练，去传递给客户就行了。

3. 理解并利用不同媒体渠道的优势。通过电视或网络直播的布道者处于漏斗营销模型的上端，目的是引起人们的兴趣。而大型教堂的网站是一个漏斗的下端，通过销售活动门票、书籍及商品将潜在客户转化为真正的客户。在这个过程中，你要确保潜在客户可以轻松下单和付款。例如，马鞍峰教会（Saddleback Church）开发了马鞍峰捐赠应用程序，这是一种更简单的捐赠方式，适用于安卓和苹果应用系统。客户只要注册在线捐赠，就可以选择定期付款、查看捐赠历史记录并打印对账单。

4. 倾听市场的声音。基督教本身并没有衰落，只是人们崇拜的方式不同了。在全美范围内，每周进行主日崇拜的教堂出席率下降了，但大多数大型教堂的会员增长率都在两位数以上。成功的教堂会将相同的内容以不同的形式分发出去。教堂的礼堂环境最适合老年人群体，年轻人则倾向于加入配有咖啡和甜点的小团体。网络直播的发展则吸引了千禧一代。

百视达（Blockbuster）的首席执行官吉姆·凯斯（Jim Keyes）曾说："光碟租赁公司 Redbox 和奈飞公司根本没有被我们放在眼里。"如今，人们仍然会观看很多电影。而百视达破产了，原因正是凯斯和他的团队没有去关注消费者希望怎样消费。

5. 最后但同样重要的是，言行一致。奥斯汀向客户宣称："上帝希望你过富足的生活，而不是过贫穷的生活。"他无疑言行一致，因为他坐拥 1 050 万美元和面积为 1 580 平方米的豪宅生活。葛培理（Billy Graham）、华理克（Rick Warren）和杜祁福（Creflo Dollar）的净资产都超过 2 500 万美元。肯尼思·科普兰（Kenneth Copeland）和杰西·杜普兰提斯（Jesse Duplantis）也无所顾忌地乘坐私人飞机。这些布道者就是如此“言行一致”。无论你从事哪个行业，都要确保自己也使用自己的产品，并能高效地交付给客户。

品牌增长
必须知道的秘密
BRAND HACKS

- 许多人寻求各种机构或品牌来满足自己对灵性和归属感的追求。
- 人们都渴望融入志同道合的部落。人们从这些部落的体验中找到意义，因为其中结合了灵性交流和社区属性。

BRAND HACKS

HOW TO BUILD BRANDS BY FULFILLING THE CONSUMER QUEST FOR MEANING

第 10 章

策略 10，将艺术和产品相结合

- 人们热衷于创造和发现新的图像与想法，希望通过沉浸式体验不断学习。
- 品牌必须帮助用户激发创意，利用艺术来提供独特且有意义的体验。

看电视或在沙滩上躺一个星期，当然会令人放松，但并不会让人觉得满足。因为这两种体验都缺乏参与感，一个星期过后，人们也不会继续感到欢乐和放松，最多只能维持几个小时，甚至只有几分钟。而人们能从创造和发现新艺术中找到成就感，艺术不再只是面向少数富裕人群、高学历人群的精英画廊的专属。事实上，人们越来越容易接触到艺术，因为社交媒体的流行和品牌的传播，艺术无处不在。

将创造的机会留给消费者

在我和设计思维营销公司 Skewed Productions 创始人、宜家前设计总监马库斯·恩格曼的对话中，他强调了利用消费者创造力的重要性，认为不应把品牌成品强加给他们。对恩格曼来说，在社交媒体的推动下，创造力是当今世界的主要通货。恩格曼说："不要将设计师的创意强加给用户，而是要让用户自己做设计。品牌方可以让用户做决定。"以乐高为例，恩格曼提醒说乐高积木本身并不是什么特别的东西，重要的是人们能用这些积木创造出什么。此外，人们通常不会轻易丢掉他们的乐高积木，正是因为这些积木带给了他们价值和意义。

对消费者和营销人员来说，“创新就意味着抱有好奇心，”恩格曼说，“这是任何好的设计、沟通或广告的起点。富有好奇心、有创造力的人总是会提出与对方有关的话题，而不只是谈论自己。”在回顾他在宜家多年的经历时，恩格曼总结道：“我让宜家变成了一家更有好奇心的公司。”

提高消费者的视觉素养

视觉素养（visual literacy）是一个术语，描述人们用图像进行思考、感知、学习和沟通，以及使用图像进行视觉实践的能力。它是人们用视觉素材来表达自己的能力，也是解释视觉信息的能力。视觉素养可以在艺术学校和设计学院学习到，也可以在日常生活中通过与品牌和产品的互动来培养。事实上，消费社会为人们提供了一个巨大的图像宝库，这些图像资源对于培养视觉素养至关重要。

进行过大量视觉素养研究的利奥妮·林奇（Leonie Lynch）博士发现，消费者会使用图像展现自己的日常生活。他们利用视觉技术来表达自己，与他人进行交流，并获得审美享受。例如，消费者会精心构图，裁剪画面并应用滤镜来突出图像的特点。

品牌方可以指导消费者提高视觉素养，使他们有信心自己创造图片，融入品牌文化，共同参与品牌叙事。品牌能够通过视觉元素在个人情感层面上与消费者建立联系，品牌创造了一种视觉语言，而消费者则参与了视觉传播。品牌可以从以下几个方面运用视觉素养。

1. **让消费者自己创造和解读各种信息、陈述或图像。**设计师保罗 · 史密斯（Paul Smith）的粉红墙（Pink Wall）在洛杉矶和各种社交媒体上非常有名。光 2019 年就有超过 10 万人到洛杉矶梅尔罗斯大道的店铺，站在墙前摆个姿势拍照。你可以在 Instagram 上看到，许多照片可以说是真正的艺术品。人们通过舞蹈动作、奇特姿势或用滤镜等视觉效果在照片中表现自己。这就是视觉素养在品牌推广中最好的应用案例。

2. **让消费者参与设计过程，打造属于他们自己的个性化产品。**耐克鞋专属定制服务 By You，之前也叫作 NIKEiD。这项服务旨在让顾客定制各式各样的运动鞋。顾客可以在鞋底夹层和侧边添加商标，也可以从 12 种颜色中选一种定制 logo 的样式，甚至可以自定义鞋底、后跟和鞋带。

3. **可以通过视觉手段戏剧化地展现品牌神话和故事。**时尚品牌拉夫劳伦通过大量的复古图片和物件来强调其学院风格的传统。店铺里被布置得像是要带领顾客进入马球俱乐部、夏日假期或猎场小屋。

4. **通过丰富多彩的设计，品牌可以呈现出乐观和理想主义的图景，消费者也会对此有积极的反应。**像由时尚设计师奥尔拉 · 凯利（Orla Kiely）、艺术家罗梅罗 · 布里托（Romero Britto）或设计师菲利普 · 斯塔克（Philippe Starck）等艺术家为主导的品牌，会教授消费者有关视觉意义和设计的知识。他们还帮助消费者通过一系列产品表达自己，比如印花图案、厨房用品、行李箱、文具、厨房器具或汽车。他们的设计将纹理、线条、点、形状、方向、尺度、形式和空间等视觉元素融合在一起，为消费者提供一系列视觉工具，传达平衡、和谐、对比及多样性的审美素养。

5. **可以为消费者提供展示图案、形状和物体的视觉手册，引导消费者完成视觉学习过程。**品牌还可以为消费者提供详细的指导，教他们设计家居室内装修或搭配服装。高端家具品牌 Restoration Hardware 的产品手册至少有 730 页。它通过精心布置的图片、不同的材料和颜色，以及有关设计师的简短的介绍性文字等引导读者了解品牌。

在社交媒体上应用视觉素养

社交空间是创作和策展的理想空间。人们可以通过拍照、修饰照片并为其添加说明文字来表达自己的艺术性，提升成就感。保罗·史密斯的粉红墙只是众多例子中的一个。不过，人们在社交媒体上看到的许多照片并不像想象的那么独特，你会发现有许多几乎完全相同的图片，比如一个人戴着帽子在野外望着远方、站在山顶上，或者站在夸张的洞口。但是，通过编辑图片，人们可以参与创造过程，这就与长时间看电视的被动行为完全不同，因为后者无法让人们参与创作。

一些专业设计师抱怨 Instagram 是一款创造虚假创意的应用，因为上面的图片缺乏原创性，滤镜也显得业余。但实际上，图像应用程序提高了普通人的创造能力。如果你自称是专业摄影师、设计师、创意总监或其他类型的专业艺术家，那就请创作出原创的优秀作品来证明自己的实力。如果你感受到了来自你 14 岁侄女的艺术作品的威胁，那是时候该提高你的水平了。

通过社交媒体，人们能发现从前不知道的许多艺术作品、人物和地方，而如果没有社交媒体，我们一般不会去主动寻找。Instagram 的“搜索和探索”功能帮助人们找到最喜欢的内容，并按照多种类别进行排序。YouTube 也会根据人们的观看习惯推荐视频。

同样，音乐也是如此。人们经常通过如声田等流媒体平台的个性化推荐和广告推广的播放列表来发现音乐。对于这些功能，传统用户会抱怨自己的生活受到算法的支配，认为这不是由唱片公司、音乐电视台和杂志真正的专业人士策划的。社交媒体确实降低了音乐产业的门槛。贾斯汀 · 比伯、马丁 · 盖瑞克斯（Martin Garrix）等许多音乐人都是通过在 YouTube 上发布视频开始职业生涯的。唱片公司也不再是过去那样的行业守门人和推动者了。

> 艺术不必美，但必须有意义。
>
> ——杜安 · 汉森（Duane Hanson），美国艺术家

打造令人痴迷的品牌意义
BRAND HACKS

如何打造限量版产品

限量版本身就会吸引人们。虽然寻找稀有物品的过程让人兴奋不已，需要花费时间、精力，而且最终成本可能会超过购买常规

产品的成本，但一旦拥有它，就会让人感觉稀有而珍贵，令他人羡慕。

无论品牌规模有多大，创造一款限量版都相当容易。限量版产品可以帮助你实现以下目标。

- **让粉丝成为品牌的传播者。**在丹·布朗（Dan Brown）出版他的小说《本源》（*Origin*）时，他和代理商举办了一个设计比赛，鼓励粉丝为这本书创作限量版封面。粉丝们随后投票选出 6 名入围者中的胜者。参与投票的人将获得一段个性化定制的签名书视频，其中丹·布朗会称呼每个投票者的名字，并在书中写下他们的名字。①
- **测试一个新想法。**先做一款限量版是测试新产品的好方法。如果行得通，就可以扩大生产和分销类似于限量版的产品，而你只需要调整材料、设计、包装或营销方式。如果之前的限量版没有卖出去，手头上也只会剩下少量库存，但没人会知道这件事。最终限量版还是会卖完，只是可能没那么快。另外，没人需要知道这个版本到底限量到何种程度。我深入研究了在第 8 章提到的宜家耶特列格限量系列，但找不到任何关于宜家生产了多少香薰蜡烛和瑜伽垫的信息。限量是一个感知问题。2018 年左右，宜家有 300 多家商店，即使每家商店只卖出了 100 个限量版瑜伽垫，那也

① 让粉丝设计品牌产品会让品牌粉丝们非常高兴。简单地说，这意味着粉丝在付钱给品牌方，即通过购买产品来做本来需要品牌方付钱的工作，就像是众包和用户生成内容的形式。

一共卖出了超过 3 万个限量版的瑜伽垫。

- **吸引新客户。**2018 年左右，山水悦瓶（Hydro Flask）占据了保温水壶市场 52% 的份额，这表明可能你那些酷酷的朋友人手一个。该品牌的 Escape 限量版可能会吸引你关注这个品牌，并最终加入。尽管你是后来者，但你依然与你只拥有普通版水壶的朋友们不同，而且要更酷。
- **重塑复古产品。**时尚品牌 Off-White 的创始人、前首席执行官维吉尔·阿布洛（Virgil Abloh）与耐克公司合作，重新设计了一系列经典运动鞋。当耐克最终发布这个系列时，几分钟内就售罄了。在易贝上可以找到这款运动鞋，价格高达 2 500 美元，而当时商店里的售价是 190 美元，基本款耐克运动鞋则只要 14 美元。
- **创造独特的店内体验。**意大利服装和生活方式品牌盟可睐（Moncler）在纽约和东京开设了两家名为“The House Of Genius”的快闪店，出售该品牌的 Genius 系列和其他限量版商品。这个零售项目活动结合了艺术、收藏品、时尚和科技，做互动空间设计是为了将品牌与店铺所在的繁华城市联系起来。商店里有获得奥斯卡奖的电影作曲家亚历山大·德普拉（Alexandre Desplat）的唱片，以及服装品牌西蒙娜·罗莎（Simone Rocha）的一系列靴子和首饰，还有灵感来自“盟可睐 1952”珍藏系列和盟可睐彩色滑雪头盔的复古羽绒拼布毯。
- **支持品牌叙事。**瑞士手表制造商雅克德罗（Jaquet

Droz）围绕 8 个准则构建了品牌身份，这些准则涉及功能性（卓越的机械性能）、艺术性（设有艺术工坊）和历史性（品牌最初因自动装置而出名）。几乎所有手表的设计都能让人联想到数字 8，两个重叠的表盘居于表壳内。各款限量版手表由 1、8、28 或 88 个部件组成，呼应雅克德罗的 8 个品牌准则。

打造专属于个人的限量版

剪贴簿和其他手工艺品或爱好一样，能让人们专注于当下，分散掉对于各种日常压力和问题的注意力。这样的活动带领人们进入一个不同的世界，远离日常的烦恼。制作剪贴簿十分有意义，因为它让人们得以创造和讲述故事、形成日记等。无论是在线上还是做纸质的，人们都可以用文字、图形、个人照片或其他材料来制作独一无二的日记。

做笔记、涂色书和手写日记的形式正在兴起。根据出版数据机构 NPD 的调研，子弹笔记[①]越来越流行，丙烯颜料的销售势头很好，其他艺术、创意类活动也发展得很好。消费者如今都在试图逃离科技的包围，回归到一些更简单的东西上。有趣的是，这方面的增长主要由年轻群体推动。

---

① 由美国交互设计师赖德·卡罗尔（Ryder Carroll）开发的一种笔记术，集日程表、任务清单、日记本等功能于一身。——编者注

如何利用剪贴簿和拼贴画

剪贴簿和拼贴画是一种既简单又便宜的方式，可以让消费者深入了解品牌产品，收获一些具体的洞察。

与剪贴簿类似，拼贴画是一种投射研究（projective research）[①]技术，参与者通过精选图片来展示他们对特定主题的感受。参与者将这些图片排列在一张纸上，就成了拼贴画的形式，这可以作为品牌方与消费者对话的破冰游戏。例如，如果你直接问消费者“品牌X 让你感觉如何”，可能会得到相当模糊和主观的答案。而让消费者制作拼贴画的方法能够直观地了解消费者对于品牌、某项特定任务或其他设定情景的感受和心态。

与照片分享网站拼趣（Pinterest）类似，许多市场研究软件或应用程序都可以让用户将图片链接到特定的主题上。品牌方也可以要求多名参与者合作进行给定的研究项目，可以让他们从 150 ～ 200 张图片中选择，或者让他们自己选图片。尽量让人们使用各种各样的图片，而不仅仅是动物、海滩或人物。

无论你的品牌市场研究能力如何，艺术作品都能让你了解到在消费者的眼中你的品牌是怎样的。营销人员对自己公司的品牌有极度的偏好，并且比一般消费者的知识更丰富。而剪贴簿和拼贴画会展示出消费者是如何看待你的品牌的，他们对它了解多少，以及对他们来说哪些品牌元素是有意义的。

---

① 通过图像、文字等方式做出心理反应，从而判断心理特征的一种人格测量方法。——编者注

例如，你可能刚花了 3 000 万美元的广告费用，试图向人们宣传你的伏特加品牌有多好，因为它会经过 9 次蒸馏工序。然而，来自消费者的拼贴画显示，人们将伏特加与大学派对狂饮联系在了一起。大多数消费者对于伏特加是如何制作的知之甚少，更不用说会有多关心了。所以，重要的是消费者是怎么看待你的品牌的。消费者的认知就是真理。

你可以为品牌的市场营销和广告提供一些创意。护舒宝的“像女孩一样”标语展示就是从白板上的一个图钉开始的。你也可以向你的内部利益相关人员展示消费者的真实声音——将拼贴画结合到演示文稿中。这些艺术作品或者录制的消费者访谈录像能让演示介绍更真实和振奋人心，使演示文稿不再是简单的要点列表。

魔力斯奇那，利用数字技术重焕生机

文具品牌魔力斯奇那（Moleskine）是一个几乎要消失但又被复活的产品的绝佳例子。1997 年，鉴于其在悠久的文学和艺术历史中的特殊地位，玛丽亚·塞布雷贡迪（Maria Sebregondi）重新推出了这款标志性的笔记本，取名“魔力斯奇那”。事实上，它曾是巴勃罗·毕加索、欧内斯特·海明威和凡·高等人的最爱。从 1997 年生产 5 000 本笔记本至今，魔力斯奇那已发展成为一个拥有 22 000 多家零售商、遍布 100 多个国家的多渠道分销平台。这家高端笔记本公司的联合创始人塞布雷贡迪表示：“魔力斯奇那的千禧一代顾客受过良好教育且精通数字技术，乐于重新接受纸质产品。”魔力斯奇那成功地填补了实体纸张和数字技术之间的鸿沟。它是一种拥有复古魅力的产品，并通过技术进行了优化。例如，它的智能笔产品可以将手写笔记和绘画存储并同步至线上平台。

魔力斯奇那还推出了在线杂志 *Fold*，专门介绍笔记本的制作过程，并展示年轻艺术家的作品。通过 AtWork 项目，魔力斯奇那将艺术家和策展人聚集在一起，促进他们之间的讨论和创新思维的碰撞。参与这些工作坊项目的人都会制作一本个性化的笔记本，将涌现出来的创意理念融入其中。这些笔记本随后则会在参与者共同策划的艺术展上展出。

该公司还生产限量版产品，比如专门致敬詹姆斯·邦德的“007 系列”。此外，它还涉足一些特定的品牌延伸项目，比如与西班牙水壶品牌 Closca 合作推出了可重复使用的水瓶。该款产品瓶身覆盖有触感舒适的硅胶套，外面还有便于携带的绑带。

拼趣，利用人工智能为人们提供便利

拼趣的定位是图片搜索工具。人们经常会看到一些视觉上很吸引人的东西，却无法用语言准确地描述出来，因此也就无法在互联网上精确地搜索出来。借助拼趣，用户可以先把感兴趣的物品拍张照，使用照片而非文字搜索相关风格和创意。拼趣也可以用于搜索食品。例如，拍摄一个红色甜椒的照片上传上去，拼趣应用程序会显示关于辣椒、玉米饼和墨西哥烤肉的食谱。拼趣利用人们视觉素养的力量，解决了如何将图像转化为文字的难题，同时满足了人们对于即时满足的渴望。从技术的角度来看，拼趣是一种人工智能，它为消费者和品牌方都带来了方便。

从营销角度来看，拼趣也让消费者能够实现即看即买，从而大大缩短了从想要购买到实际下单的消费过程。消费者通常在购买产品之前会经历 12 个或 12 个以上的触点，比如浏览社交媒体、在户外广告中看到产品、线上调查或在实体店内查看产品。拼趣将消费过程缩减为 3 个里程碑触点。举个买花瓶的例子，有人喜欢某个花瓶的形状，但不太喜欢它的颜色，于是拼趣向此人展示了同样形状、12 种不同颜色的花瓶，最后，此人选择喜欢的颜色，立即下单购买。这样的方式让购物变得更加高效和便捷。

其他利用人工智能将图像和文字转化为消费者购买行为的平台还有亚马逊和爱彼迎。全美大约一半的消费者首先会从亚马逊搜索产品，而随着亚马逊语音助手 Alexa 的日益流行，越来越多的消费者会这样做。爱彼迎内部使用人工智能将设计草图转化为产品源代码，外部使用人工智能将房源评论翻译成用户的母语。因此，营销人员应该多与技术平台交流。拼趣、亚马逊、爱彼迎等公司利用消费者的声音、语言和视觉习惯，缩短了从需求产生到完成购买的消费过程。科技把消费者培养得越来越不耐烦，消费者认真思考的选择越来越少。如今，人们不用在亚马逊智能语音助手 Echo 上查 12 个品牌的洁面乳，只需要说："Alexa，订购一些洁面乳。"而营销人员要尽一切努力让消费者选择自家品牌的洁面乳。

在艺术互动中强化品牌

艺术家驻留计划（Artist-In-Residence，AIR）是指邀请画家、舞者、音乐家或其他创作者离开常规的工作室，在赞助的酒店、公司或机构中进行艺术创作。在酒店大堂偶遇一位画家，在餐厅里遇到一支小乐队，或在商店里看到有人在打碟，都是令人惊喜和有启发的体验。因为平时人们很可能不会主动去了解这些艺术家，更不用说寻找他们在哪儿了。通过 AIR，人们可以偶遇新兴艺术家，比起在博物馆里或音乐会上，这样的活动使艺术更加容易接触。AIR 的这些项目展示了艺术可以融入人们的日常生活，并与人们的日常活动结合，如用餐、睡觉、购物等，艺术不再是孤立地存在于封闭的画廊中。

对于品牌和场地方来说，AIR 也是一种很好的做法。因为这样的活动可以让它们显得与众不同，展现其与当地社区的真挚联系，而且能让顾客停留得更久，而这通常意味着会有更多的消费。例如，针对年轻女性的时尚资讯网 Refinery29 就在纽约的埃斯酒店（Ace Hotel）策划了艺术家驻留计划，反响甚佳。

可以说，AIR 让各方都成了赢家。酒店顾客发现了新的艺术作品和新兴艺术家，Refinery29 强化了品牌形象，展示了对创新和多样性合作的投入。埃斯酒店则变成了一个许多人的向往之地，不仅能让住客过夜，艺术家们也能在这里面对他们本来无法接触到的观众。

品牌增长
必须知道的秘密
BRAND HACKS

- 人人都在创作、策划和收集视觉叙事，借此理解周围的世界。

- 社交媒体推动了人们的创造力，创造力已成为当今世界的新型通货。
- 品牌可以将艺术和产品相结合，创造独特的店内体验和限量版产品系列。
- 艺术之所以有意义，是因为它帮助人们形成自我认同，变得更好。艺术还能增强人们的同理心，加强人际连接。

未来属于有意义的品牌，用意义驱动品牌增长

如果你读到了这里，那么关于前文中提及的某些意义，我相信你也能从中看到自己的影子。现在，你应该明白了，流行和趋势终将消逝，但意义长存，因为我们对意义的追求比平时浏览的社交媒体帖子要深刻得多。作为个体或部落，人们不断地重新创造和解释意义。因此，实现这些意义并非终点，而是一段追求的旅程。

你已经了解了像苹果、可口可乐或耐克等世界级公司是如何通过营销帮助人们实现所追求的意义的。但是有一点更重要，那就是同样的意义追求也可以将弱势品牌变为同类品的领导者。

- 爱彼迎满足了人们对于探索和冒险的追求，而同行其他企业只是提供酒店房间租赁。

- 优步提供给用户即时满足感、控制感和确定性，而其他出租车只是把客人从 A 点带到 B 点。
- Rapha 的自行车俱乐部是会员专属的部落，而其他自行车服装品牌则是随意在给各种水管装置公司或保险公司打广告。

实现人们对于意义的追求使品牌得以重塑自身甚至同类品行业。

- 护舒宝从一种卫生用品变成了女性赋权的标志。
- 美元剃须刀俱乐部在品牌叙事中向人们讲述了一个英雄的旅程，而其他品牌则只是谈论刮伤和敏感皮肤。

最后但同样重要的一点是，赋予意义这件事并不是有资金实力的大品牌用来超越别人的特权。通过富有意义、真实性的独特做法，小品牌也可以对抗大公司，并拥有忠诚的粉丝群。

- 服装公司 Vineyard Vines 是谢普·默里（Shep Murray）与伊恩·默里（Ian Murray）兄弟俩刷信用卡起家的。如今，该公司在全美范围内经营着 100 多家店铺。除此之外，还在高端百货商店进行销售。
- 小木屋租赁公司 Getaway 在波士顿成立，当时只有几间小木屋。该品牌承诺为客人提供逃离日常喧嚣的场所，现在它的业务已扩展到全美各地。
- 美元剃须刀俱乐部的创办视频是品牌创始人花费 4 500 美元拍摄的。

觉察并善用人们对意义的追求

品牌不一定要投入很多资金才能赢得胜利。我看到过不少资源有限的小品牌比市场领导者品牌赢得了更高的品牌知名度，取得了可观的增长。实际上，花小钱、办大事的道理同样适用于大品牌，因为它们最成功的营销活动往往也不是成本最昂贵的。这一点在 2020 年进一步得到了证明，当时疫情暴发，迫使营销人员在品牌建设方面追求更具创意但成本更低的方法，结果还是有许多品牌获得了成功。

未来既是模拟的又是数字化的，并不是所有东西都会转移到线上。拿纸质书籍来说，随着互联网、iPad、电子书阅读器以及其他设备的出现，所有人都预测纸质书籍会消亡。但事实证明，你现在正在阅读的就是一本纸质书，而你并不孤独。2020 年左右，纸质书籍的销量每年超过 6.5 亿册，纸质读物仍然是美国读者最爱的书籍形式。

打造令人痴迷的
品牌意义
BRAND HACKS

烹饪课程是一种充满意义的体验

为什么要在一本关于营销和心理学的书中谈论烹饪呢？因为烹饪课程充满了这本书中探讨的各种意义，而且它也是一种强大的营销策略。当我住在芝加哥时，教过很多烹饪课程。回想起来，我不确定当时自己在想什么。教烹饪比在加州大学洛杉矶分校教市场研究要困难和危险得多。为什么呢？试想一下，在人们喝了几杯酒后向他们展示如何使用刀具，会发生什么呢？那时倒是没发生过什么太糟糕的事情，这可真是个奇迹。

关于使烹饪课程成为有意义的体验，我在下面列出了所有要素。在我看来，烹饪书只是提供了一种灵感来源，你不必严格遵循上面的食谱。下面的烹饪课程以及本书中的所有内容都适用这个道理。你可以筛选出与你最有关系的内容。

要有一个强有力的开场白

不要只是和人们见面问候，见面问候是客户体验管理中经常使用的脚本，所以人们会在同一连锁店品牌的数百家门店收到完全相同的问候。烹饪课程中，在学生做简要介绍时，导师应该告诉他们即将学到什么（功能性的好处），这些菜来自哪里（理想化的联想），以及为什么他们会想在家里做这样的菜肴（情感诉求和情景化描绘）。

将黄油、糖和杏仁粉混合起来的步骤属于功能性的。而告诉学生这种甜点是国王的最爱，则会令人向往。建议学生可以和孩子一起烹饪，会让学生产生共鸣、感到亲切。

教会家庭厨师成为艺术家

使用刀具、剥蔬菜、烤鸡，学会了这些技能就永远不会忘记，你也可以传授给他人。通过一点点练习，你就可以学会快速切菜，给约会对象留下深刻的印象。向学生展示一些摆盘小窍门，鼓励他们在菜品上添加个人风格。

创造独特和个性化的作品

在与学生一起烘焙出的无数个巧克力舒芙蕾中，我从未见过两个完全相同的。不完美就是完美。

在整个体验中讲故事

导师会向学生们讲述童年时的烹饪趣事、自己在厨房的生活，以及遭遇到古怪顾客的故事。这些故事充满了怀旧感和真实性。

建立归属感和团结感

在烹饪课结束时，同学们会一起分享美食，彼此成为朋友。他们都是志同道合的人，通过共同的体验建立了归属感。

让晚餐更富有浪漫和魅力

厨具零售公司 Sur La Table 提供了名为巴黎午夜的烹饪课程。单单这个标题就能将人们带到灯火辉煌的巴黎，幻想着与恋人在闪耀的埃菲尔铁塔前共进浪漫晚餐。此外，Sur La Table 和其他许多餐厅一样，用法语写一些菜品名称，一切听起来都充满异国情调，比如绿色的沙拉（Salade verte）听起来比一份蔬菜（side of greens）更加高雅。法式油醋调味汁（French vinaigrette）听上去也比油和醋（oil and vinegar）更加迷人。

创造记忆

在水疗中心度过的一天或在游泳池边度过的一周可能很快就会被遗忘，即使我们在社交媒体上发布过照片，也是如此。而参加烹饪课程会创造出充满情感的美好回忆，这些回忆将会持续数月，甚至数年。

满足消费者的情绪价值，让品牌令人痴迷

当然，这本书中提供的品牌策略可能并不全部适用于你的品牌，但下面两个策略对任何人都适用。无论你是全球广告公司的首席创意官、

自由职业者、市场营销主管、小企业主、退休教授还是本科生，这些策略都可以帮到你。

专注于情感，而非功能

把产品或服务的所有情感属性都列出来。不要只强调功能特性。然后将这些情感融入品牌叙事中。通过强调情感而非功能来吸引消费者，从而形成情感连接。

例如，蓝瓶咖啡的一杯过滤式咖啡售价为 5 美元。在这 5 美元中，品牌叙事占了 4.95 美元："手冲咖啡的仪式就像冥想……观察咖啡粉香气的绽放，享受咖啡醉人的第一道蒸汽，注意手冲咖啡时在粉末上形成的螺旋会如何改变一杯咖啡的风味。这样简单的体验将让你与咖啡产生共鸣。"

创造独特的体验

即使是大品牌，也要考虑本地化。通过教授人们新技能或者赋以艺术和音乐的形式，可以使消费者的体验独特且有意义。也可以组织活动来将志同道合的顾客联系到一起，围绕品牌创建一个社区。

> 最终，一切都会连接起来——人，思想，物品……连接的质量就是品牌品质的关键。
>
> ——查尔斯·埃姆斯（Charles Eames），
> 设计师、建筑师和电影制片人

意义是充实生活的法宝，也是成功品牌的支柱。作为个人，现在你应该已经更加了解人们追求的意义是什么，为什么要这样做，以及在哪里可以找到意义。而作为市场营销人员，你也应该学会了如何使品牌在满足人们对意义的追求方面发挥作用。

尽管人们仰慕名人和杰出的领导者，喜欢购买全球知名品牌，但获得幸福的关键并不一定是模仿他们或拥有大品牌的产品。人们喜欢谈论Lady Gaga、畅销书作家马尔科姆·格拉德韦尔（Malcolm Gladwell）、星巴克或者苹果公司的成功，这很自然。但是对大多数人来说，拥有同样的名气和财富既不可能实现，也并不可取。

最让人有成就感的是人们通过所做的事情，或与身边的人共同创造而产生的意义。这不是为了达到一个预设的目标，追求的过程本身更重要。这也不是为了跟随他人，而是为了探索。

未来，属于终身学习者

我们正在亲历前所未有的变革——互联网改变了信息传递的方式，指数级技术快速发展并颠覆商业世界，人工智能正在侵占越来越多的人类领地。

面对这些变化，我们需要问自己：未来需要什么样的人才？

答案是，成为终身学习者。终身学习意味着永不停歇地追求全面的知识结构、强大的逻辑思考能力和敏锐的感知力。这是一种能够在不断变化中随时重建、更新认知体系的能力。阅读，无疑是帮助我们提高这种能力的最佳途径。

在充满不确定性的时代，答案并不总是简单地出现在书本之中。“读万卷书”不仅要亲自阅读、广泛阅读，也需要我们深入探索好书的内部世界，让知识不再局限于书本之中。

湛庐阅读 App：与最聪明的人共同进化

我们现在推出全新的湛庐阅读 App，它将成为您在书本之外，践行终身学习的场所。

- 不用考虑“读什么”。这里汇集了湛庐所有纸质书、电子书、有声书和各种阅读服务。
- 可以学习“怎么读”。我们提供包括课程、精读班和讲书在内的全方位阅读解决方案。
- 谁来领读？您能最先了解到作者、译者、专家等大咖的前沿洞见，他们是高质量思想的源泉。
- 与谁共读？您将加入优秀的读者和终身学习者的行列，他们对阅读和学习具有持久的热情和源源不断的动力。

在湛庐阅读 App 首页，编辑为您精选了经典书目和优质音视频内容，每天早、中、晚更新，满足您不间断的阅读需求。

【特别专题】【主题书单】【人物特写】等原创专栏，提供专业、深度的解读和选书参考，回应社会议题，是您了解湛庐近千位重要作者思想的独家渠道。

在每本图书的详情页，您将通过深度导读栏目【专家视点】【深度访谈】和【书评】读懂、读透一本好书。

通过这个不设限的学习平台，您在任何时间、任何地点都能获得有价值的思想，并通过阅读实现终身学习。我们邀您共建一个与最聪明的人共同进化的社区，使其成为先进思想交汇的聚集地，这正是我们的使命和价值所在。

浙江省版权局图字：11-2024-419

图书在版编目（CIP）数据

意义驱动的品牌增长策略 /（美）伊曼纽尔·普罗布斯特著；褚荣伟，闵彦冰译．— 杭州：浙江科学技术出版社，2024. 12. — ISBN 978-7-5739-1551-1

Ⅰ. F713.3

中国国家版本馆 CIP 数据核字第 2024HB5335 号

书　　名	**意义驱动的品牌增长策略**
著　　者	[美] 伊曼纽尔·普罗布斯特
译　　者	褚荣伟　闵彦冰

出版发行	**浙江科学技术出版社** 地址：杭州市环城北路 177 号　邮政编码：310006 办公室电话：0571－85176593 销售部电话：0571－85062597 E-mail:zkpress@zkpress.com
印　　刷	天津中印联印务有限公司

开　　本	710mm×965mm　1/16	**印　　张**	16
字　　数	236 千字		
版　　次	2024 年 12 月第 1 版	**印　　次**	2024 年 12 月第 1 次印刷
书　　号	ISBN 978-7-5739-1551-1	**定　　价**	89.90 元

责任编辑　余春亚　　**责任美编**　金　晖
责任校对　张　宁　　**责任印务**　吕　琰